逞しく生きよう

――日本人としての自己認識――

目次

はじめに

日本は、この半世紀以上もの間戦争がなく、活発な経済活動によって物質的には大変豊かで、安定した民主的な国民国家であった。が、今日の日本人を取り巻く環境は、国際化や情報化の波によって刻々と変化し、価値観のはっきりしない不透明な社会状況になっている。その上、東日本大震災や原発問題等の大きな災害に見舞われており、これからの日本をより良く復興させて安定・継続させるためには、金銭的な経済政策だけでは対応しきれないので、より良く逞《たくま》しく生きる人づくりとしての教育政策が最重要課題になっている。

しかし、少年期の子どもたちの社会人準備（社会化）教育にとって、私たちが気をつけなければならないことは、ソーシャルメディア等の発達による多情報時代になり、様々な情報の発信の仕方や内容には気をつかうが、受信者の社会性や人間性等の社会的能力を高める生活文化の伝承を怠っては、社会の安定・継続を図り、より良く逞しく生きる活力・生活力を維持させることはできないことである。

ますます国際化が進む日本国をこれからも安定・継続させ、より多くの人が安心、安全により良く生き抜くためには、国民一人一人により良い生き方を委ねるだけではなく、これまでのような学校における進学や就職用の知識教育以外に、少年期に何をどのように学習し、身に付けておけばよいのかを、社会全体で考えて取り組むことが必要になっている。

私たちがよく使う「国際化」とは、独立した国々が協力、協調し合うことで、経済的活動が世界的規模の共通化や類似化、統合化等を意味する「グローバル化」のことではない。

そこで、これからの国際社会で、日常生活を安心、安全に賢く逞《たくま》しく生きるに必要な、心の保障としての生活文化を、少年期の集団活動等を通じてしっかり伝えることの重要性について、科学的文明社会に対応する新しい教育観による少年教育のあり方として、「逞《たくま》しく生きよう」の表題でまとめた。

本書が、より多くの読者、特に若い世代の人々に、経済活動が一層グローバル化する社会で、日本人としての自分を正当に認識し、自覚と誇りを高め、より逞《たくま》しく生きるに必要な、精神的な心の保障を得るきっかけとなり、又、これからの少年教育の参考になれば幸いである。

平成二十五年二月十日

第一章　逞しい日本人の育成

第一節　新しい教育観としての集団活動

①集団活動の必要性

地球上にはいろいろな自然環境があり、その環境にうまく順応して生活している人が沢山いる。人はより良い状態の安心、安全を求めて集団的に生きる動物なので、お互いに少々の不和があっても寄り集まって生活しがちになる。その集団的な状態を「社会」と呼んでいるのだが、自然環境に順応して生きる知恵である生活文化を、共有する人々が集まった社会を統合した大きな集団を「民族」と呼んでいる。地球上にはその民族集団が沢山存在するのだが、いろいろな環境下でお互いに紛争を起こしたり、協力し合ったりと、様々な社会状況を作り出しながらも、互いの関係をより良くして、安定、継続させようと努力し続けている。

世界の多くの民族が、社会の後継者である青少年、特に少年の育成に熱心であったのは、絶えず自然環境の異変や戦争等の災害が起こったり、異民族に囲まれた不安な生活を体験してきた歴史上の事実による、防衛対策や安定、継続を図って生き残るためであった。だから、大人である社会人の義務と責任の下に、祭りや年中行事、遊び等の社会的集団活動を通じて、日常的、習慣的な生活文化を後継者である少年たちに教え、伝えてきたのである。

七〜八十年前までの日本人は、周囲を海に囲まれて、他民族の侵略を受けることもなく比較的単一民族に近い社会を営んできたので、大陸の多文化、多民族社会の人々のような不安感を抱くことは少なく、自分たちの子供が日本人になることをあまり意識する必要はなかった。そんな習慣的な信頼的社会観があったこともあって、アメリカ連合軍の支配を受けていた第二次世界大戦後の少年教育は、単純に知識偏重とスポーツやアメリカ的なレクリエーション中心になっていた。

学校を中心とする教育界は、この半世紀以上も本質的にはあまり変わることは無かったが、経済的には大きく発展し、世界の一、二を競うほどになって、社会現象は一変し、青少年を取り巻く社会環境は、国際化や情報化の波によって刻々と変化した。特に経済活動のグローバル化やマネーゲーム化は人心を撹乱した。そして、今日では情報文明の発展と人や物の交流によって、諸外国の言語、宗教、習慣、行事や出来事等が身近なものとして伝えられているし、受け入れられてもいるので、それらに対応することが優先し、生活文化共有の重要性がはっきりしない不透明な社会状況になっている。そのため、習慣的な言葉や規範、生活態度、価値観等が多様化して乱れ、家族の絆は弱まって地域社会は崩壊し、団結力や活力が衰退して、かつて部族や民族が多く、群雄割拠したシルクロード時代の大陸と同じように、安全・安心感等、心の保障が得がたい不毛な不信社会になりかけている。それゆえに、私たち日本人の日常生活の安定と継続を図り、逞《たくま》しい日本人を育成するには、伝統的な習慣としての生活文化の共有と伝承が一層重要になっているので、少年期に生活文化が身に付けられる、見習い体験的学習のできる集団活動の機会と場が必要になっている。

世界的に有名な教育者ペスタロッチを輩出したスイスでは、「生活と仕事の準備をする」ことが、教育の目的として掲げられているそうだが、いかなる民族においても本来の少年教育は、生活と仕事の準備をさせるためであった。さもないと、社会が安定、継続しないことを知恵ある大人は誰でも知っていた。しかし、戦後の日本は、自主独立の主体性を失って、仕事の準備はしてきたが、生活の準備をすることにはあまり関心がなかった。仕事は知識や技能の習得によって備えられるが、生活は日常的な生活の現場や群れ遊ぶ集団活動等での、見習い体験的学習によって準備されるものである。

だからここでは、これまでの学校における仕事の準備としての知識教育ではない、古代から続く生活の準備としての少年教育のあり方を中心に、これからの豊かな科学的文明社会に対応する新しい教育観による、集団活動を通じての見習い体験的学習の意義と内容について記述する。

明治五年に近代的学校教育制度が導入され、〝文化〟として授業に取り入れられたのは、欧米型の表層文化が中心であった。本来学校は、発展した欧米に追いつけ追い越せ式の知識・技能を身につけさせて仕事の準備をさせることを目的に設置されたもので、日常生活に必要な基層文化としての生きる力である生活文化は、近代的な学校教育が始まる以前の古代から、家庭や地域社会での見習い体験的学習によって学び、そして伝承されるものであったので、学校教育に取り入れる必要はなかった。しかし、第二次世界大戦後の日本は独立国としての社会正義が失われ、社会性が衰退し続け、今日では家庭や地域社会の教育力が低下しているので、それらに代わる社会人準備（社会化）教育制度を作為的に作る必要に迫られている。

私たちが社会生活をより豊かに、平和に、そしてより良く快適に営むためには、社会人としての基本的能力（野外文化）、素養としてのたしなみを身につけることが必要である。その大半のことは、古代から少年期に野外でなす様々な集団活動によって培われてきた。特に、日本人としての基本的能力である日本語に関しては、表現する言葉を知っていても具体的に体得する精神的活動が伴わないと、日本語を正しく使えないので、少年期に様々な集団活動を通じて言葉が持っている意味の裏づけを体感することが必要なのである。しかし、日本が豊かになりかけた昭和四十年代中頃からの少年たちにとっては、その機会と場が得られ無いままになっていた。

文明社会が発展すればするほど、自然環境は人間の都合のよいように整備されて、快適な生活ができるようになる。しかしその反面、人間本来の自然と共に生きる野性的な能力は衰退し、日常生活に必要な安心感や満足感が得られず、不安や不満になりがちである。

私たち人類は、有史以来いろいろな自然現象や貧しさ、非道理的なことに対応して生き抜く力、知恵を培ってきた。しかし、今日のような豊かさや科学・技術の発展した文明社会に対応する知恵は、まだ半世紀ほどしか経験していないので十分ではない。しかも、人間の本質が変わらない限り、自然とのかかわりが少なくなっても、社会人として生きるに必要な生活文化を身につけていないと、日常生活の生き方・あり方が分からず、ゆとりや安心感が得られないままになる。

豊かで平和な科学的文明社会に対応する新しい教育観による少年教育のあり方としては、有史以来続いている生活の準備としての見習い体験的学習のできる機会と場が重要で、理屈ぬきに自然と共に生きる素朴な生活体験や自然体験、そして群れ遊び等の集団活動が必要なのである。

今日の日本で教育と言えば、学校教育がすべてであるが、本来は生活の現場にある見習い体験的学習によるもので、特に少年期の子どもにとっては、社会的な集団活動が最も大事な学習現場であった。

日常的に生活が営まれている私たちの社会とは、生活文化等の共通性のある個人が、信頼または規約の下に集い合っている状態のことであるが、社会には集団的規約を守る立場と、規約によって守られる立場の両方がある。

　社会を守る立場には、集団的状態に必要な規則、競争、義務がある。社会は、個人と集団の対立するものではなく、いかなる個人も集団的規定なくしては存在し得ないので、私たち人間は、まず少年期に社会人に必要な守る立場の社会化（規則・競争・義務）を促してから、守られる立場の個人化（自由・平等・権利）について習得できる機会や場としての集団活動が必要なのである。

「個は全体のため、全体は個のため」とよく言われるが、個が消えても全体は存続する。しかし、個々が安心、安全を感じる心の保障としての社会的条件からすると、全体が消えると個の存在もなくなる。全体をよくして安定、継続させるには個々の努力・工夫が必要であるが、今日の日本は、少子化や家庭、地域社会の崩壊等によって、少年期の子供たちが集団活動できるような社会状況にはなっていないので、個人化が進んで利己的な人が多くなっている。しかし、どんな社会状況になっても、社会全体の規則による保護がないと、個が自由に、しかも安全に生き続けることは困難である。

　今日の日本では学校教育が行き詰まっているが、その大きな原因は、家庭や地域社会における社会化教育が衰退しているからだ。社会の後継者育成としての少年教育は、学校と家庭や地域社会が、車の両輪の役目を果たさない限りうまく前に進めないので、学校教育だけが頑張ってもその機能が効果的に発揮されることはない。

今日のように発展した豊かな文明社会において、少年期の子供たちに生活体験や群れ遊び等の集団活動をさせる上にとって重要なことは、少年期の子供たちが自ら人生設計はできないし、その重要性に気付くことも少ないので、大人が、安心、安全により良く逞しく生き抜かせたい、「生活と仕事の準備」としての社会意識を持つて、作為的に社会化を促す仕掛けをしてやることである。

ここで言う社会化とは、個人が社会の成員として適応することであるが、適応する条件に生活文化を欠くことができないので、文化化とも言える。

②集団活動で培われる逞しく生きる力

四〜五十年前までの日本の子供たちは、家庭や地域社会で異年齢集団での群れ遊ぶ集団活動が自然にできていた。ところが、昭和四十年代に入ると日本が徐々に豊かになり、人口が都市に集中するようになって工業化が進み、地域社会が崩壊し始めると共に、少子化や核家族化も進み、学校教育は学力向上の知識偏重となり、より良い条件で進学するために多くの子供が塾通いをするようになった。その上、夕方に子供が楽しく観られるテレビ番組が多くなり、習い事やスポーツクラブなどに通う子供たちも多くなってきた。そうした社会的背景等によって、昭和四十年代の中頃から子供たちがスケジュールに追われるようになって、自由に遊べる時間がなくなった。そして、地域社会の機能が失われると共に、野外で群れ遊ぶ子供の数が少なくなって、自然な状態では集団活動ができなくなった。

ここでの集団活動とは、ルールの定まった、しかも指導者のいるスポーツやレクリエーション活動のことではなく、自然発生的な異年齢集団による群れ遊び等のことである。

日本の学校では、昭和五十年代に入って間もなくから、校内暴力やいじめ、自殺、非行、登校拒否等が発生し、知識偏重教育のあり方が問われるようになった。そして社会は、経済活動が活発になって、世界の金庫や工場と呼ばれたり、ジャパンアズナンバーワン（世界で一番は日本だ）等と言われて、バブル景気の絶頂期を迎えていた。が、やがてそのような高揚期は過ぎ去った。

それからすでに三十年近くが過ぎ、当時の少年たちが三十代中頃から四十代後半に差し掛かって、今日の少年達の親になっている。

日本の社会的、経済的状況はますます悪くなっているし、少年達の立場は一層厳しくなっている。今日の少年達は兄弟姉妹のいない一人っ子が多く、核家族化や少子化が更に進み、地域社会は一層弱体化し、習い事や塾に通う子がますます多くなり、テレビゲームやインターネットの普及もあって、野外で群れ遊ぶ集団活動の機会と場が殆んど無くなっている。そして、少年達のいじめが一層陰湿になり、自殺や登校拒否、非行、引きこもり等が多くなって、昭和五十年代から十年毎くらいに起こる社会的な青少年問題が再び繰り返されている。

より良い社会人（日本人）を育成するには、学校と家庭や地域社会が連携することが必要なのだが、今日の日本は学校だけに頼りすぎている。そのことを棚上げしての教育改革は、絵にかいた餅になる。

私は、昭和三十九（一九六四）年以来世界の諸民族の生活文化を踏査しつつ、国内で昭和四十三年から野外での異年齢集団の体験活動を通じて行う、青少年の育成活動を続け、多くの青少年の成長と社会的変化を直接肌で感じてきた。

この半世紀近くもの間、日本の社会状況は激変しており、少年期の子供たちの集団活動は徐々にではあるが殆んど見られなくなった。そして、その時代、時代の少年たちが成長して大人になっている今日、社会人になろうとしない、なれない、又親になろうとしない、なれない大人が多くなっているし、フリーターやニートと呼ばれる若者やうつ病になる人が多くなっている。このような現象は、変化の激しい科学的文明社会に対応する教育政策が御座なりで、旧態善とした知識偏重や経済的発展思考等の受験や就職（仕事）用中心で、成長過程の少年期に意欲や自立心が培われるようになっていなかったことによるものだ。

人間が、うつ病や様々な病気を引き起こす原因にもなるストレス（不安）を感じるのは、脳の中の篇桃体という部位だそうだ。この篇桃体を鍛えるのは少年期における様々な集団活動等の刺激によるものであるが、成人後に強化するのは困難だそうである。

これまでの脳生理学者や心理学者の理論、そして私の長年の青少年育成活動を通じての観察等によると、少年期に野外で群れ遊び等の集団活動を殆んどしてこなかった人の多くが、利己的で、意思欠如的、短絡的、衝動的な性格的特徴があり、活力や自立心の弱いことが分っている。

今日の常識ある多くの人がすでに気付いていることだが、その性格的特長を列記すると次のようになる。

イ、孤立化しやすい＝他の人と気軽に会話することができなくて、自分ひとりの世界に入り込みやすい。そして、社会化がうまくされていないので、他を思いやる心に欠けている。

ロ、気まぐれで意志欠如性＝自分の気持ちをはっきり主張したり、伝えたりせず、不満や不安が多くて安心感がもてない。

ハ、自己顕示性が強い＝自分が思い込んだら他人の言うことを聞かず、自分勝手な行動に走りやすい。そして、悪い結果は他人の性にしがちで自省心が弱く、責任感に欠ける。

ニ、抑止力が弱い＝判断力や応用力、決断力等が弱く、幼稚な性格で、自制心の未発達による自分勝手な言行動をする。

このような活力や自立心が弱い成人が多くなっていることは、少年期の教育が仕事の準備としての知識偏重になり、生活の準備としての見習い体験的学習の機会と場に恵まれず、逞しく生き抜く力を培っていなかったためである。

今日の少年は一人っ子が多く、塾や習い事に通っている上に、テレビゲームやインターネット等のソーシャルメディアの発達によって、他との関わりが弱く孤立化している。そのせいもあって他を思いやる心が弱くていじめが一層陰湿になり、非行や登校拒否、引きこもり等が多くなっている。何より、いじめ等に対抗できる忍耐力や自立心が弱く、逞しく生き抜く力を身に付けてはいない。そのような少年達の性格的特質は次の様である。

イ、意志欠如性（抑止力の欠如又は弱体化）

ロ、不安定性（基本的生活習慣の欠如）

ハ、爆発性（短絡的、衝動的行動）

ニ、自己顕示性（自分勝手）

困ったことに、少年期に一度このような特質が身に付くと、大人になってからではなかなか修正できないので、このようにならないためにも少年期に集団活動が必要なのである。

それでは、古来、少年期に自然な群れ遊び等の集団活動をして育った、普通の人々の人間的特性はどうかと言えば、次のようである。

イ、帰属意識（何処に属しているか、集団化）がある＝社会化
ロ、勘（自然的危機管理能力、心の働き）の発達＝生きる力
ハ、守る立場（規則、競争、義務）の認識＝仲間意識
ニ、道徳心（社会的危機管理能力、社会的善）の向上＝文化化

このような人間的特性は、これまでのごく普通の日本人が身に付けた生活態度で、当たり前のことであるが、今日的にはより良く生きている状態である。

少年期に野外で群れ遊び等の集団活動をしなかった大人の性格的特徴と、今日のいじめや、非行、引きこもり、登校拒否等の少年達の特質が類似すると言うことは、自立を促す発達段階の初期に問題があったことになる。そこで、これからのより良く、逞しく生きる素養ある日本人を育成する、予防療法的な少年教育には、自然発生的な群れ遊び等の鍛錬おも兼ねた集団活動の機会と場を与えて、意欲や自立心を促してやることが必要なのである。さもないと、学校教育がどんなに頑張っても、より良い逞しい日本人を育成することは至難だ。

ここでの「逞しい」とは、どんな事があってもくじけない様子や力強くて頼もしい様子を表現するものである。英語では「tough」と表現し、タフは丈夫なとか粘り強い、肉体的に頑丈な状態を意味するようなので類似する言葉だが、やはり日本の生活文化によって培われた心身ともに頼もしい日本人を想って、これからの日本人のより望ましい生活態度やあり方を「逞しい」

と表現する。

第二節　少年期に身につける社会化と個人化

①少年期の社会的認識

「少年」とか「青年」又は「青少年」という言葉はよく使われるが、その具体的な年齢はあまり明記されていない。辞書を引くと、「少年とは年若い人、心身の完成の期に達していない男女」とある。心身の完成期に達していない男女のことを指して少年としているので、ここでは少女をも含めた日本語とする。しかし、この少年を子どもとか児童と呼ぶこともあるので年齢がはっきりしない。

今日の私達の認識では、何歳から何歳までを少年または少年期とするのかは未だにはっきりしていないが、昭和二十二年にできた児童福祉法では、小学一年生から十八歳までとし、昭和二十三年にできた少年法では、満二十歳までとしていた。しかし、科学的文明社会が発展して、少年がその発展的社会現象につれて心理的に変化したことにより、犯罪が非常に低年齢化した結果、平成十三年には少年法の適用年齢が満十四歳未満と改正された。そしてさらに犯罪の低年齢化が進み、平成十九年五月には、なんと十二歳未満に少年法を適用するように改正された。

それは、科学的文明社会の変化があまりにも激しいので、少年期の子供どころか大人までも不安や不満が募り、社会全体が安定感を失ったことによるものでもあった。

いずれにしても、人間の心身の発達段階や社会化、文化化、その他諸々の条件を考慮するに、現代社会においても十二歳未満を少年とするにはあまりにも短絡的になりすぎるし、満十八歳までとするのは肉体的にも精神的活動の面からも配慮不足なのではないかと思う。

心理学者によると、人間は生まれてから二歳頃までは、間違ったとか、失敗したと言う感情はなく、もう一度やり直してみようとすることはしないが、五歳頃になると自分の行動の良し悪しを考えて反省し、失敗の経験を次の行動に生かす学習行動を試行錯誤するようになるそうである。

私達の神経の発達は、心の発達と大きくかかわっているのだが、神経は五歳頃から発達が活発になり、平均すると九歳がピークになり、十四、五歳にはほぼ終わるとされている。だから六歳頃から十五歳頃までに身に付けた精神的能力が価値観や生活態度等、社会的能力の基礎になると言われている。

そこで、ここでは社会の後継者育成を目的とする社会人準備教育としての野外文化教育学的な観点から考慮して、小学一年生頃の六歳から、中学三年生頃の十五歳までを少年又は少年期とする。

では、その後の青年期や壮年期は年齢的にどのように区別すればよいのだろうか？……。社会状況が激しく変化しているし、日本人の平均寿命が大変延びているので、これまでの概念では判断できずに迷ってしまう。

それは、人生五十年や六十年と言われた時代を過ぎて、今では八十年や九十年とも言われ、百歳以上もの日本人が平成二十四年九月にはなんと五万人以上もいるそうなので、現代的な年齢区分による社会的名称がはっきりしなくなっているからである。しかし、このままでは年齢による社会的名称が表現しきれないので、具体的に認識することができない。

そこで、これから一層重要になってくる社会人準備教育としての野外文化教育学的な観点から、年齢によって社会的名称を区分すると、次のようになる。しかし、これはあくまでも、科学技術の発展した豊かな日本の現代的社会状況による名称であって、社会学的統計によるものではない。

〇～一歳　　乳児期（動物的で親に守られる時期）
二～五歳　　幼児期（親又は大人に守られて動き回る時期）
六～十五歳　　少年期（身心が未熟で変化が激しく、苦悩と好奇心が強く、試行錯誤を繰り返して自立の時期）
十六～二十五歳　　青年期（心は未熟だが意欲的に活動し、肉体的には疲れを知らない冒険

と挑戦の時期）

二十六〜三十五歳　熟成期（社会的に一人前になり、結婚模索の時期）

三十六〜五十五歳　壮年期（身も心も充実して社会的に最も盛んな時期）

五十六〜六十五歳　熟年期（心身のアンバランスに悩みつつ頑張る時期）

六十六〜八十五歳　老年期（社会的実務を終えて文化伝承の役目を果たす時期）

八十六〜九十五歳　老成期（経験を積んで人間として出来上がる時期）

九十六歳〜　　　聖老期（社会的役目を終えて神の世界に入る準備の時期）

現代日本の社会状況によって人間の一生を年齢によって区分した社会的名称をこのようにすると、六歳から十五歳までの少年期は、人生の初段階で、社会化に必要な人間力の基礎を培う、非常に重要な時期であることがはっきりする。

一般的に青少年教育と呼ばれる社会人準備教育は、社会のより良い後継者を育成する公的側面からすると、六〜十五歳の少年期における人間教育、すなわち「少年教育」が最も効果的であり、重要なので、ここでは少年教育とする。

そこで、人生の基礎が培われる最も感受性の強い少年期を六〜十歳までの前半期と、十一歳〜十五歳までの後半期の二つに分けて考察する。

② 少年期前半に体得する社会化

長い歴史を生き抜いてきた今日の人類は、飢えや渇き、疲労に対しては抵抗力があり、生命力が非常に強い。二〜三日何も食べなくても死にはしない。しかし、飽食して一〜二カ月もじっと動かないでいると、肥満体になり、関節が硬くなって動きにくくなる。人間は栄養バランスの取れた腹八分目の食事をし、体を日常的に良く動かさないと、生きるに必要な健康体としての体力や気力を維持することはできない。

私たちは、ＩＴを中心とする豊かな科学的文明社会がどのように発展しようとも、あえて肉体的機能の低下や生き抜く力を退化させることなく、より良い状態を維持できるよう努力・工夫することが必要である。

これからの科学的文明社会に生まれ育つ子供たちが、より良い社会人になるための社会化教育は、どのようにすればよいのかについて、今、私たち人類に問われている大きな課題である。まだ理論も方法も十分ではないが、その答えの一つとして、少年期に群れ遊ぶことや生活体験等のような集団活動による見習い体験的学習活動（体験活動）を通じて、生活文化を伝承する野外文化教育がある。

イ、群れ遊ぶことによる帰属化

動物の仔が、親から離れ始めると他の仔たちと群れなしてじゃれ合うことはよく知られている。人間の子も幼児期を過ぎて、六、七歳になると、親元から離れて他の子たちと自然に群れなして遊ぶようになる。幼児期の親との遊びや一人遊びをしていた子が、少年期に入ると親から離れて仲間を求めて群れ遊びをするようになるのは、ごく自然な成り行きである。

人間の発達段階において、幼児期の一人遊びから少年期前半（六〜十歳）に群れ遊びをするのは、動物として集団で生きるための社会化を促す必要条件なのである。もし、幼児期の一人遊びが少年期にも続いて、群れ遊ぶことのないまま青年期を迎えると、自立心が育まれないで、安心、安全な心の保障を感じにくく、非社会的な人格を身につける。

少年期前半において最も重要なことは、同年齢、異年齢を問わず徒党を組んで群れ遊ぶ、集団活動をする機会と場に恵まれることである。本来は兄弟姉妹の多い家庭や、仲間の多い地域社会で自然に群れ遊ぶ集団活動の機会と場に恵まれていたが、今では核家族や一人っ子、そして地域社会に遊ぶ仲間がいない状態なので、作為的な仕掛けが必要だ。

私たち人間は、利害や理屈によるのではなく、一人ぼっちはいやだ、誰かと一緒にいたいという本能的な集団欲がある。その集団欲が満たされないと不快感を覚え、寂しさや孤独感に苛まれて不安や不信感に駆られ、無気力になって人間関係がうまく培えなくなる。だから、今日の子供たちの陰湿ないじめや非行、そして自殺等の主な原因は、孤独、不安、不満等によるものだと言われている。人間に必要な集団欲は、少年期前半に群れ遊ぶことによって満たされるものであり、より良く、逞しく、元気に生きてゆくために最も重要な本能である。

人間には食欲、性欲、集団欲等のような本能的な欲望があるのだが、食欲は食べることによって、性欲は異性と交わることによって、集団欲は群がることによって満たされる。

人々は群がることによって、視覚や聴覚を介して心の交流を図り、人間関係をうまく作って集団欲を満たしている。特に聴覚による言葉や視覚による文字によってきめ細かに心の交流を図っている。

脳生理学者の時実俊彦著「人間であること」には、次のようなことが記されている。

「人間は、集団欲が満たされないと無表情、無気力、逃避的になり、言葉の理解力は身に付くが、言葉を話す表現力が悪くなる。性格は攻撃的、逆上的になり、行動も無統制になる。一度このような異常な性格が身に付くと、なかなか変わらない」

ここで言われているように、少年期前半に集団欲を満たすことができなかったら、自立心のあるより良い社会人にはなれないが、野外で仲間と共に群れ遊ぶことによって、行動を共にする楽しさが芽生え、動物としての仲間意識が培われ、自然に社会化が促される。子ども自身が意識して行なうのではなく、群れ遊ぶことで本能的に芽生える仲間意識が、自分が所属する集団を大事に思い、一緒にいたいと言う帰属化を促す。

ここに、少年期にとって集団活動が如何に大切かについて、成長期のマウスにストレスを与えて脳の活動を調べた一つの例を挙げておく。

名古屋市にある名城大学の鍋島教授等による、マウスを集団と一匹ずつ隔離して三週間飼育し、ストレスによって脳の活動を調整する、遺伝子の働きが低下することによって起こる、〝うつ病〟の発症メカニズムを明かす実験がなされたことが、平成二十五年一月の新聞で報道された。それによると次のように記されている。

「集団飼育したマウスには異常は見られなったが、隔離したマウスには認知力が低下する、動きに活発さがなくなる等、うつ病や統合失調症の症状が見られ、脳を刺激する〝ドーパミン〟と言う物質を作る遺伝子の働きが大幅に低下していた。

こうした症状は、集団飼育に戻しても治らなかった一方で、飼育のまえに、あらかじめストレスで分泌されるホルモンの働きを抑えておくと、現れなかった」

このように説明されているが、まさしく、時実が述べているように、集団欲が満たされなかった人間的特長と同じようなことが、マウスを使っての実験で証明されている。

人間は、少年期の群れ遊ぶ集団活動によって、仲間を大事に思い、離れたくない、一緒にいたい、一緒に遊びたい心情から好き、愛する感情が強くなり、好きな仲間を守りたい、守ろうとする帰属化意識が起こり、守る立場を意識するようになる。

少年期に集団活動を通じてこのような帰属的心情の芽生えを経ずに大人になると、うまく、より良く逞しく生きてゆこうとする適応行動がとれず、心から他人を好いたり愛する気持ち、思いやる感情がなかなか育たない。

ロ、勘の養成

少年期前半（六〜十歳）の群れ遊ぶことによる様々な行動の繰り返しの中で、自然に反射神経が養成され、生きる力としての自然的危機管理能力でもある「勘」が培われる。勘は言葉や文字、視聴覚機器等によって身に付けられるものではなく、少年期の様々な集団活動によって自然に養成されるもので、自分を守る力であり、生きる力でもある。ここで言う勘は、直感的に感じ取ったり判断したりする、脳の働きのことである。

私たち人間は、理屈ではなく、少年期前半に身体で覚えた勘が、生き方や考え方・風俗・習慣等の基礎となる。様々な体験によって身に付ける勘は、変化する外部環境に適切に対処してゆく適応行動によって、うまく逞しく生きてゆこうとする社会人になる準備であり、安心、安全感に通じることなので、発達段階初期の少年期に体得しておくことが重要である。

ハ、守る立場の規則、競争、義務の認識

二人以上の仲間とうまく行動するためには、いやなこと、しんどいこと、辛いこと等に耐えたり、努力、工夫することが必要である。群れ遊ぶ集団活動を失敗や成功をしながら何度も何度も繰り返す内に、事なく進行し、遂行させるために暗黙の了解としての規則や競争や義務が必要なことを自然に感知する。さもないと集団活動はできないし、うまくやりとげることはできない。だから少年期の好き嫌いや損得の感情がまだ社会的になっていない時、様々な集団活動を通じて、うまく逞しく生きてゆく社会化に必要なお互いの了解事項としての規則、より良くするための競争、当然のこととして行なう義務等を自然に全身で覚えることが必要なのである。それらは社会人にとっては、一般的な常識とも言えることだ。

二、体得しておく主な内容

少年期前半（六〜十歳）に集団活動を通じて体得しておく主な内容は、次のようになる。

◎体によいものを食べる習慣
◎野外でよく遊ぶ習慣
◎よく眠る習慣
◎規則正しい生活
◎安全・衛生等の概念
◎自立心（自分のことは自分ですること）
◎勘（自己防衛能力）＝生きる力
◎防衛体力（外部の変化に適応し、ストレスに耐えうる力のことで、暑さ、寒さ、湿度、直射日光、細菌感染、精神的苦痛、疲労、睡眠不足、飢餓等に耐え力）

今日の日本では個人化や少子化で家族の絆が薄れているし、地域社会は社会的機能が衰退しているので、少年期前半に群れ遊ぶ集団活動をする機会と場が失われている。しかも、ＩＴ技術が発達し、楽しくゲームをする感覚で勉強したり、一人遊びをする機会が多くなっている。ところが、ゲーム化によって暗記された知識や技術は受験用には役立つだろうが、生活の現場では応用され難いし、日常的なことに関連づけたり、具体的な事例等については体験がないので理解できい。そのために対人関係がうまく取れず、目の前にいる人と目を合わせることができなかったり、生活力がなかったり、会話がうまくできなかったりする。

少年期前半に群れ遊ぶことをしないで、受験勉強に追われたり、ゲーム機器によって一人遊びをしてきた今日の二十代、三十代の若い日本人には、うまく生きてゆく適応行動が取れず他人とうまく話せなかったり、他人を思いやったり、協力することがうまくできないで、利己的で非社会的な人が非常に多くなっている。そのような人は、知識、技能はあっても情緒不安定で孤独がちになり、居場所や心に故里がなく、生活力や社会性に欠けている傾向が強い。

今日、知識・技能はあっても情緒不安定で社会性に劣り、孤独がちで会話もうまくできない人が多くなっているが、その主な原因は、少年期前半に様々な集団活動によって社会化が十分に促されないままで、安心、安全を感じる生活文化を身に付ける適応行動の機会や場に恵まれなかったことによるものである。

このまま自然のなり行きにまかせて放置すれば、居場所や心の故里を感じることができずに個人化、孤立化する人がますます多くなるので、個人個人の自主性にまかせるだけではなく、社会全体で逞しく、より良く生きようとする社会人を育成する、社会人準備教育の機会と場をつくる努力と工夫が必要になっている。

③ 少年期後半に習得する個人化

少年期前半は群れ遊ぶことによる集団化、社会化の知恵や自然と共に逞しく生きる力である勘を培わせ、社会生活の基礎的な人間力を養成するための集団活動であったが、少年期後半（十一～十五歳）は、周囲の諸現象を感じ取る学習によって、集団の中の自分は何者なのかを考える個人化の知識・技能を身につけることが必要である。そして、集団の中で自分自身を守るためのあり方、すなわち社会的に判断する基準である道徳心を培い、見習い体験的学習によって善悪についての思考力を高めるのである。

イ、学習による自我の覚醒

ここでの学習とは、環境との相互関係から思いを巡らして判断することで、きわめて単純な〝すりこみ〟のような慣れでもある。私たち人間は、五～六歳頃からうまく生きよう、良く生きようとする意欲的、積極的な学習欲が芽生えるものである。

私たちは、集団欲を満たすために、学習によって視覚や聴覚、触覚等を介して、細やかな心の交流を図るようになる。そして、うまく生きてゆこうとする適応行動によって、善悪を考えて判断する能力を高める。

フランスの哲学者デカルトは「我思う故に我あり」と言ったが、まさしく少年期後半の十二、三歳になると、誰しもが学習による自我の覚醒によって、「自分とは何者なのか」等と、自分自身の存在をあれこれと考えるようになり、自分を主張するようになって、周囲の人や風習、物に対して反感を持ったり注意を払うようになる。

早い人は十歳前後に、遅い人でも十五歳前後には自分について考えて主張が強くなり、他人と意見が異なったり衝突したりで、自己中心的になって塞ぎ込むことが多くなる。

こうした期間を思春期とか反抗期とも呼ぶが、少年期第二の発達段階における自我の覚醒による個人化現象で、ごく自然なことである。

ロ、道徳心の養成

少年期後半において、集団の中で自分らしくあろうとする適応行動には様々な抵抗や摩擦があり、考え悩むことによって、より良く生きてゆこうとする自分の権利や自由について学習する。そして人は皆平等であると言う自我意識が高まる。そうした、様々な人が暮らす社会で自分を安全に守る手段として、自由・平等・権利の意識が強くなると共に、いかに抵抗や摩擦を少なくし、社会生活をスムースにしてゆくかの知恵として、より良く生きるための社会的危機管理能力でもある道徳心を徐々に身につける。ここで言う道徳心は、社会生活の秩序を保つために、各自が守るべき心がけのことである。それは、日本人にとって社会的に踏み外してはいけない社会的善を守る心がけのことでもある。

ハ、守られる立場の自由、平等、権利の認識

私たち人間は、適応行動による学習によって自我意識が芽生えると、自分の存在を自覚し、集団欲による社会をも認めることによって、自分には社会的に守られる権利があり、個人的には自由で平等なのだという自我意識を高める。社会に守られる立場の個人化に必要な自由、平等、権利は、民主主義社会にとっては大事なことである。しかし、社会を守る立場の規則、競争、義務の意識が弱いと、利己的になって社会性に欠ける。

もし、少年期前半の群れ遊び等の集団活動を体験しないまま、後半期の守られる立場の個人化を学習することになると、社会的善としての道徳心を好き嫌いの感情で判断しがちで独善的になる。そうすれば、よりよい社会人、一人前の大人になりきれず、集団欲が満たされないままに不安と不満に駆られ、幼稚化現象を起こしがちになる。

ニ、習得しておく主な内容

いずれにしても、少年期前半の群れ遊び等の集団活動は、よりよい社会人になるための発達

段階において欠くことができないことなのだが、後半期の学習によって身につける主な内容は次のようである。

◎情緒・情操の心
◎社会性（風俗、習慣、考え方、言葉等、個人の社会的あり方）
◎忍耐力（我慢する力）＝欲求不満耐性
◎道徳心（社会的危機管理能力）↓文化
◎行動体力（走る、跳ぶ、投げる、打つ等の動作と、これらを複合した運動のできる力）

少年期に様々な集団活動を通じて培われる社会化と個人化は、学校において言葉や文字や視聴覚機器等によって正しく身につけさせることは難しい。しかし、それらは他と共に群れ遊んだり、自然や生活体験をしたり、口論したり、取っ組み合いをしたり、協力や励まし合い等の異年齢集団による活動をすることによって、知らず知らずのうちに自然に身につくものである。そうすれば、いじめても程度を弁えることができるし、いじめられても自我の覚醒によって自殺するような孤独感や不安感を払拭することができる。

今盛んに叫ばれていることは、「いじめをなくそう」であるが、いつの時代にも動物的な子どもの世界から〝いじめ〟のような現象をなくすることはできない。むしろ成長過程の子ども世界ではありうることでもある。だからこそ、それが過度にならないように、大人や年長者がいたり、学校の各クラス毎に担任教師がおり、事ある毎に注意したり、良し悪しの判断を促したりして、教育や集団活動を通じて切磋琢磨することによって、その程度を小さくすることが必要なのである。

何より、少年期の子どもたちに陰湿ないじめやそれによる自殺、そして、登校拒否等が起こるのは、学校教育のあり方や教師又は大人の果たすべき役目が知識や技能教育だけになって、生活指導がはっきりしていないからではあるまいか。

いかなる時代にも、社会生活に必要な安心、安全を感じる心のよりどころを得て逞しく生きるには、少年期に培った「こうしていれば大丈夫」という風俗習慣、言葉、道徳心等の生活文化を身につけておくことが大切である。

第三節　より良く逞しく生きる情報

① 共に生きる生活文化

私たちが日常生活において、うまく、より良く逞しく生きてゆくためには、できるだけ多くの正確な情報（生活文化）を取り入れて、要求が満たされて快感を覚えることが重要である。私たちの日常生活に必要な情報としての生活文化とは、その土地になじんだ衣食住の仕方、あり方、風習、言葉、道徳心、考え方等の生活様式としての伝統文化であり、社会遺産である。

古代からの地域社会における少年教育の一番のねらいは、生活の知恵である生活文化を伝えて社会の後継者を育成することであったが、戦後の日本では、アメリカ支配の文化革命による伝統文化否定の風潮によって、物事をあまり知らない未熟な子供を主役に、知識偏重教育をしてきたので、今日まであまり伝えられてはいなかった。そのため、自分たちの歴史の重みを知らない人が多くなっている。

地域の自然と人間のかかわりによって培われ、世代ごとに改善されながら何百年も続いてきた習慣的な生活文化は、頭で考えて理論的に構成されたことではなく、過去からの具体的事実なので、社会にとって大変重要な遺産であり、より良く逞しく生きるための情報である。だから生活文化は理屈で身に付けられるものではなく、生活の現場で具体的に見習って身に付けるものである。

私たち日本人が、日本で生まれ育っていながら日本の生活文化をあまり知らないということは、よりよい社会人になれていないことであり、自立したより良い社会になっていないことであり、より良く、逞しく生きていないことである。

今日の学校教育は、進学・就職のための受験教育や仕事のための準備教育中心になっているので、長い人生をより良く逞しく生き抜くためには、生活文化の伝承を大前提にした社会化教育が一層必要になっている。そうしないと、より良く逞しく生きようとする日本人が多くなることはない。何より、未来志向の知識や技能の教育は子供が主役でも可能だが、過去からの遺産である生活の知恵としての生活文化は、未熟な子供を主役にしては伝承することが困難である。

人間は本来、男と女の両性があり、結婚というのは男女が生活を共にすることであった。しかし、今日の日本には多文化、多民族社会のアメリカと同じように未婚率や離婚率が非常に高いし、中性的な人や同性愛者、擬人化された動物もいるので、単一民族的社会であったこれまでの日本人の概念では、理解しきれない複雑な社会になっている。それが良いか悪いかを個人的に判断することは自由だが、社会が安定、継続するには今何をすべきかを考えることが必要だ。

今日の日本は、離婚率や未婚率が高く、少子化や孤立化が社会問題になっているが、その原因の一つは、少年期に集団活動をしなかったために社会化が十分に促されることなく、社会意識が欠落しているからだと思われる。だから、社会を安定、継続させるための男と女ではなく、今を生きる個人になっているので、恥も外聞もなく、楽しければ、自分が納得すれば良いことであり、いやなこと、責任のあること、犠牲になることはなるべく避けたいのである。

私たち日本人、特に中年以上には、このようなアメリカ的不信社会現象を、これまでのような日本的信頼社会観で判断し、不安を感じている人が多いのかもしれない。

何はともあれ、一般的な男女が生活を共にしてうまくいかないのは、主に生活を共にする共通要素である生活文化を身につけていないためでもある。成人した男女は生まれた家も育った所も別々で、少々違った風習を身につけているので、食べ物、風俗習慣、振る舞い等の違いをお互いに理解しようとしなければ、うまくいかない。私たちは相手を理解する根底に、類似する知恵としての生活文化を、正確な情報として身に付けていなければなかなか分かり合えない。

私たちにとって、絆の強い家庭のような居場所のある社会が安心、安全の保障になるが、生活文化を身に付けた社会人にならない限り、居場所を感じる気持ちが弱く、精神的には放浪者になりがちである。精神的な放浪者には、安心、安全な居場所をなかなか探せないので、孤独で、不安や不満、不信感が強くなり、錯覚や幻想の世界に陥りやすくなる。そのせいか、理屈で学んだ知識は豊かなのだが、生活現場に適応する生活力が弱く、精神的に不安や不満を感じる人が多くなっている今日の科学的文明社会では、文学、音楽、美術等の表層文化が、頭の脳で考えて構成され、空想的、幻想的で、誇大妄想的に成りがちである。

日本の社会に適応しきれない、又は適応しようとしない人の中には金銭や物だけを頼りに、老後を外国の地で気ままに暮らす人がいるが、結果的には精神的放浪者になりがちで、生活文化の異なる絆の弱い居場所は、理想的な安住の地にはなりにくい。

今日の日本では、多文化、多民族で価値観の多様なアメリカと同じように、中性的な人だけではなく、結婚しない人も多いが、言葉や風習の異なる異性と国際結婚をする人や外国の地に住む人も多い。いずれにしても、二人以上が生活を共にすることのできる必要条件は、少年期に集団活動を通じてより良く生きる情報として生活文化を身に付けておくことである。そうすれば、主義、思想、宗教、民族が異なっても、人間に共通する具体的な生き方や考え方を理解し合える。

二人以上の人が生活を共にするには、類似の共通体験によって感じ取った暗黙の了解事項としての生活文化が必要なので、これからの日本で逞しい日本人を育成するには、少年期に一週間から十日間の自炊による共同宿泊生活を体験させることが最も効果的である。

② 社会化を促す見習い体験的学習

地球上の全ての民族に、社会を安定、継続させる知恵として、生活文化を伝承するための様々な集団活動がある。それは、大人から子供たちに生活文化を伝承する機会と場であり、情感を育み、心身を培う具体的な方法であった。例えば日本では、祭りや年中行事、遊び、冠婚葬祭等にかかわる全ての社会的集団活動のことである。

社会生活において、古くからあったこと、古来の生活様式を受け伝えていくことを〝伝承〟

と言うが、豊かな科学的文明社会においても人間の本質が変わらない限り、大人には、社会人として生きるに必要な基本的能力を子供たちへ伝承していく社会的義務と責任がある。伝承される青少年の立場からすると、自らが努力し、工夫しながら習得することになる。見習って会得することや覚えることを〝習得〟と言うが、いつの時代にも人間の本質が変わらない限り、少年は社会人に必要な基本的能力（野外文化）を習得する社会的使命を担っている。

私たち人間は、社会を安定・継続させる知恵として、世代によって伝承する義務と責任、そして習得する使命があることを古代から社会の常識としていた。特に青少年には、災害に対応して生きる力を習得する使命を必然的に持たせた。

今日のように科学的な文明が発展し、豊かで平和な社会になるまでは、生活文化の伝承は、子どもたちの日常生活においてなす遊びや生活体験、自然体験等を通じて、自然に行われており、教育的作為のある社会化教育のような教育観は特に必要なかった。しかし、家庭や地域社会における伝統的な人間的・社会的教育の機会と場が少なくなってきている今日、学校教育や青少年教育の場で補っていく必要に迫られている。

これからの国際化する文明社会に対応する少年教育のあり方として、野外での様々な集団活動を通じて、社会人に必要な生活文化を伝承する社会人準備教育がなされていないと、日本人としての自分を正当に認識する自己認識（自他を見分けること）、すなわち自覚や誇りが弱く、競争の激しい国際社会で安心してより良く逞しく生き抜くことはできない。

教育には、変わるための教育と変わらないための教育が必要だが、変わるための教育をする学校でも、家庭や地域社会の教育力が低下したために、昭和五十年代の初め頃から、変わらないための教育をする必要に迫られてきた。

本来の社会人育成事業である社会化（社会人準備）教育は、変わらないための基層文化を伝える伝統的な教育によるものであった。しかし、戦後は、日本に文化革命を起こさせる仕掛けの一つとして、〝青少年の健全育成〟や〝青少年教育〟と呼ばれる教育活動はしていたが、その内容は生活感のない近代的なスポーツや欧米型の野外レクリエーション中心に行われていたので、社会生活に必要な生活文化の伝承にはなっていなかった。

日本の平均的な寿命は世界一長いが、人生八十年や九十年もの生き方、あり方等の「逞しく生き抜く力（気力）」としての生活文化を、誰が、何時、何処で、どのように子供たちに教え、伝えているのだろうか。個人的に生き抜く力もさることながら、社会人としてより良く逞しく生きる力である生活文化は、戦後のアメリカ的な民主教育にはあまり重視されていなかった。

そこで、私たち日本人が安心、安全により良く逞しく生き抜くために、これからの科学的文明社会に対応する少年教育の一つとして、古来重視されてきた〝見習い体験的学習〟を再度評価することが必要になってきた。

いつの時代でも少年期の子供は心身ともに未熟である。少年教育の社会目的は、その未熟な子供に生活や仕事の準備をさせて、より良い社会人、大人になってもらうためになすものである。しかし、戦後の日本はアメリカの教育的政策に従って「子供が主役」と言い続けてきた。未熟な子供が主役では、より良い社会人の見本がないので、社会的には大人が主役でない限り、子供たちはより良い大人になろうとしなくなる。少年期の子供たちは、十数年もすれば必ず大人になり、死ぬまで大人なのだが、より良い社会人としての大人になる準備がされていない。

人は生まれながらに社会的な動物ではないのだが、誰もが社会人になれると思いがちである。しかし、子どもを社会の後継者として一人前の社会人に育てる社会化は、大変に苦労と努力の必要なことであり、時間を要することである。しかも、誰もがよりよい社会人になれるとは限らない。

その証拠に、独善的な利己主義者やお金さえあればと思う金権主義者等がいたり、犯罪者がいたり、ニートと呼ばれる人がいたり、大人になりたがらない、親になりたがらない人がいて、子供を欲しがらなかったり、簡単に離婚したりと、非社会的な考えや行動を取る人が多くなっている。

特に今日のような豊かな科学的文明社会では、お金さえあれば自分勝手に気ままな生き方ができるので、利他的な社会意識の必要性が重視されなくなっている。そして、社会的な子どもの育て方や少年教育のあり方について教えてくれる人が少ないし、ましてや指導してくれる人がいる機関も少なくなっている。どこにでもあるのは、営利目的のビジネスとして営業されている個人的な受験教育やスポーツ・レクリエーション中心または習い事や職業訓練的な施設や活動ばかりである。

四〜五十年前までは、家庭や地域社会に教育力があり、周囲には教えてくれたり、見習える人が沢山いたので自然に社会化が促された。しかし、今日の大人は、社会人としての自己認識が弱く自信や自覚がないこともあって、教えようとする人が少ない。それだけではなく、科学・技術的な発展があまりにも早すぎて、人間の心理がどう変化するか、どんなことに注意したらいいのか、何が正しいのか等の不明な点が多すぎて、社会の安定が保てず、不安や不信なことが多い性でもある。

いつの時代にも、子どもにとっては見本になる人、教えてくれる人、叱ってくれる人、行動を共にしてくれる人が身近にいない限り、自然によりよい社会人になる社会化が促されることは、大変難しい。しかも、今日のような高度に発展した情報文明社会においては、社会現象がめまぐるしく変化し、価値観が定まらず金権的になっているので、対人関係を培う機会と場が少なく、不安と不信にかられて一層孤立しがちである。

人は生まれた後に、誰でも必ずよりよい社会人になるための見習い体験的学習や教育の機会と場が与えられて、社会化を促されることが必要である。本来は、家庭や地域社会に、社会人準備教育としての見習い体験的学習活動（体験活動）の機会と場が必ずあったが、残念なことに今ではそのような教育機能はなくなっている。

それでは学校はどうかと言えば、より良く逞しく生きるに必要な生活文化は、言葉や活字、視聴覚機器等によって理屈で教え、伝えられてもなかなか理解を深めることができないし、生活現場において応用や活用・実践され難いものである。ましてや見本のない社会的あり方や生活習慣は身につき難い。

これからの日本でより良く逞しく生きようとする日本人を育成する社会化には、学校における教科教育だけではうまくいかないことがはっきりしたので、本来の家庭や地域社会で行なわれてきた〝見習い体験的学習〟と同じような、六泊七日の共同宿泊自炊生活体験等のような実体験を通じて、生活力を高める生活文化が見習える生活指導の機会と場が、教育的作為によって作られることが必要になっている。

③ 人間力の向上

〝人間力〟はよく使われる言葉だが、その内容や意味についてはあまり説明されていない。そこで、ここでは社会人準備教育としての野外文化教育学的見地から人間力の概念について説明する。

人間力とは、①言語能力、②道徳心、③愛、④生活力、⑤情緒・情操の心、⑥体力、⑦精神力等を総合したもので、これらを身につける度合いによって変わる。だから少年期にこうした人間力の向上を促す集団活動の機械と場に恵まれることが重要である。ここでその七つの内容について簡単に説明すると次のようになる。

イ、言語能力

生活用語としての言葉は、生まれて間もなくから周囲の人々の口まねをし、表情や、行動等をまねながら自然に覚える。この方法や意味を考えたりせず無意識に話せる生活用語を〝母語〟としている。形よりも心を求める母語は、地域性が強く、親や周囲の人々からのすりこみによるものである。だから原体験がなく、文字等で習い覚えた言葉は母語とは言えない。今日の国語としての日本語が日本人にとって必ずしも母語でなくなっているのは、原体験がなく、学習によって覚えた標準語と呼ばれる言葉になっているからである。ところが、今日ではテレビやインターネット等でも言葉を覚える子供が多く、母語すらはっきりしなくなっている。

ここで言う言語能力とは、日常的に使われている生活用語による理解力、表現力、想像力のことであり、文字や文法、解釈能力等の国語力のことではない。

日本語にはたくさんの方言があるが、国語は一つである。日本人にとって日本語は母語であるが、国語が母語ではない人もいる。生活用語としての日本語は日常的に覚えるが、国語は教科書やラジオ、テレビ等で習って覚えた標準語とされている日本語である。人間力にとって重要なことは、母語としての日本語をしっかり身につけ、判断力、理解力、表現力を高めることである。

ロ、道徳心

道徳心とは、社会生活の秩序を保つために、一人ひとりが守るべき行為の基準であり、人の踏み行うべき道の心得である。ここで言う道徳心は、社会の成員相互間の行為の善悪を判断する基準として、一般的に承認されている規範の総体でもある。しかし、法律のような強制力を伴うものではなく、個人の内面的な原理で、社会で生きるための知恵であり、倫理観のことである。だから、理屈による学問や教科書による教育のためにあるのではない。日本人社会の生活の現場に必要な社会的善としての道徳心は、理屈で身に付けることではなく、より良く逞しく生きる日常生活の必要条件なので、社会的危機管理能力であり、しかも人類に通じる文化であり、心得である。だから個人的な好き嫌いの感情によって判断されるものではない。

ハ、愛

愛は心理的なことで分かりにくいものだが、誰かと一緒にいたい、誰かのそばにいると大変楽しい、安心だという気持ちであり、誰かを大切に思う気持ちである。少年時代に誰かと共にいたい、遊びたい、一緒にいると楽しいという気持ちが培われていないと、大人になって心から信頼する愛を具体的に芽生えさせることは難しい。愛は絵に描いた餅ではなく、最も身近にあって、みそ汁や漬物のようなものである。

ニ、生活力

生活力とは、衣食住や伝統行事等に関する能力のことで、その地域で広く行われている生活上の様々な習わしや仕来りのことであり、風習でもある。その土地でいつも行われている衣食住の仕方、あり方としての風習的生活力は、少年時代に身につけていないとなかなかなじめない。少年期の子どもの日常生活にとって大事なことは、家庭や地域社会で生活のあり方としての生活力を、体験的に見習える機会と場に恵まれることである。

ホ、情緒・情操の心

情緒とは、その物や場に接して受ける怒りや悲しみ、喜び等、喜怒哀楽の感情のことである。子どもは、遊びの中で負けたら悔しくて怒り、勝ったら嬉しくて楽しい気持ちになり、遊んでいる時は競争心が強いが、終わると仲良くなるし、別れる時には淋しく、悲しい思いをする。喜怒哀楽の感情は、欲望がまだ社会的でない少年時代に、群れ遊び等の集団活動を通じて身につけると正常に培われる。

情操は、美しいもの、純粋なもの、崇高なもの等を見たり聞いたりして、素直に感動する気持ちであり、「あの人は素晴らしい！」「自分もあんなに上手になりたい」「あんな人になりたい」と思うことである。

物の美しさや遊ぶ技術の上手な人等、何かに感動して、少年時代に憧れを持つことができれば、感動する心は大きく育つ。

最近、情緒不安定な子どもだけではなく、大人も多くなっている。幼・少年時代にテレビやテレビゲーム、コンピューター等を相手にし、人と話したり遊んだりせず怒ったり悲しんだりした経験が少ないと、情緒不安定になりがちである。

豊かな情緒感は社会生活にとって非常に重要なので、少年期にしっかり培っていないとよりよい社会人にはなれない。

へ、体力

体力には行動体力と防衛体力がある。行動体力を培うことは多くの人が承知しているが、防衛体力を培うことの重要性には気づいていない人が多い。より健康な社会人、野外文化人を育成するには、少年期に防衛体力を培わせることが必要である。子どもが自ら気づくことはまずないので、大人が作為的にその機会と場を作ってやることだ。

ト、精神力

より良く逞しく生き抜かせるためには体力もさることながら、自己鍛練等によって精神力を培っておくことが重要である。体力、忍耐力とも精神力によって支えられているので、少年期に自己鍛錬としての〝かち歩き大会〟等に参加して、不足の体験や心身の鍛錬等によって要求不満耐性を培っておくことが必要である。

公益社団法人青少年交友協会が、昭和四十四年以来毎年春と秋の二回開催している、東京の「新宿—青梅四十三㎞かち歩き大会」は、長い距離を飲まず食わずであらゆる煩悩に打ち克って歩き、飢えや渇き、疲労等を体験する自己鍛錬の機会と場である。これは、欧米的なスポーツやレクリエーションではなく、体力や精神力を鍛える、日本的な青少年の健全育成事業なのである。「かち」は日本古来の歩くことを意味する言葉だが、〝徒〟と〝勝ち〟をかねた同音異義語でひらがなとし、「かち歩き」は日本独自の自己鍛錬用語になっている。

④公共性としての素養

社会は人によって成り立っているが、人は教育によって培われる。その人の集団である社会が、安定・継続・発展するためには、文化や経済的な生産力が必要である。

社会の最小単位は家族であり、中規模単位が地域社会で、最大範囲が民族集団又は国家である。独立した国家間の信頼・協力関係が国際化ということになるのだが、ここではまず日本国としての国家単位で考える。

国家としての社会は人とその文化と経済的生産力によって営まれているのだが、それらの教育的社会構造を言葉で表現すると、人・自然・社会的遺産とすることができる。自然は人が生きるための糧となる〝生産力〟であり、社会的遺産は人類英知としての〝文化〟である（次頁の図を参照）。

自然は人間に必要な物を生産する原点であり、社会に活力を与える経済的活動によって繁栄を促す力となるので、社会にとってなくてはならないものである。

社会的遺産は、人類の知的産物としての集大成で、社会が安定・継続するにはなくてはならない文化（主に基層文化）であり、いつの時代も改善しつつ伝承していくものである。そのためには、世々代々にわたって伝承する社会的使命があることを、より多くの人が認識することである。

社会で最も重要なのが人。いかなる時代、いかなる場合にも、人は生後の模倣（見習い体験的学習）と訓練によって社会人・文化人になれる。その内容の程度は別にして、大人は、社会的・文化的な人にならざるを得ない。さもないとよりよい社会人になり得ないので、より良く逞しく生きることは困難である。そのため、親・大人は社会の後継者である青少年、特に少年たちに、社会人になるための社会化教育を有史以来続けてきた。その教育方法、あり方は、少年たちが見習い体験的学習ができる機会と場を与えることであった。

古来の教育的社会構造図

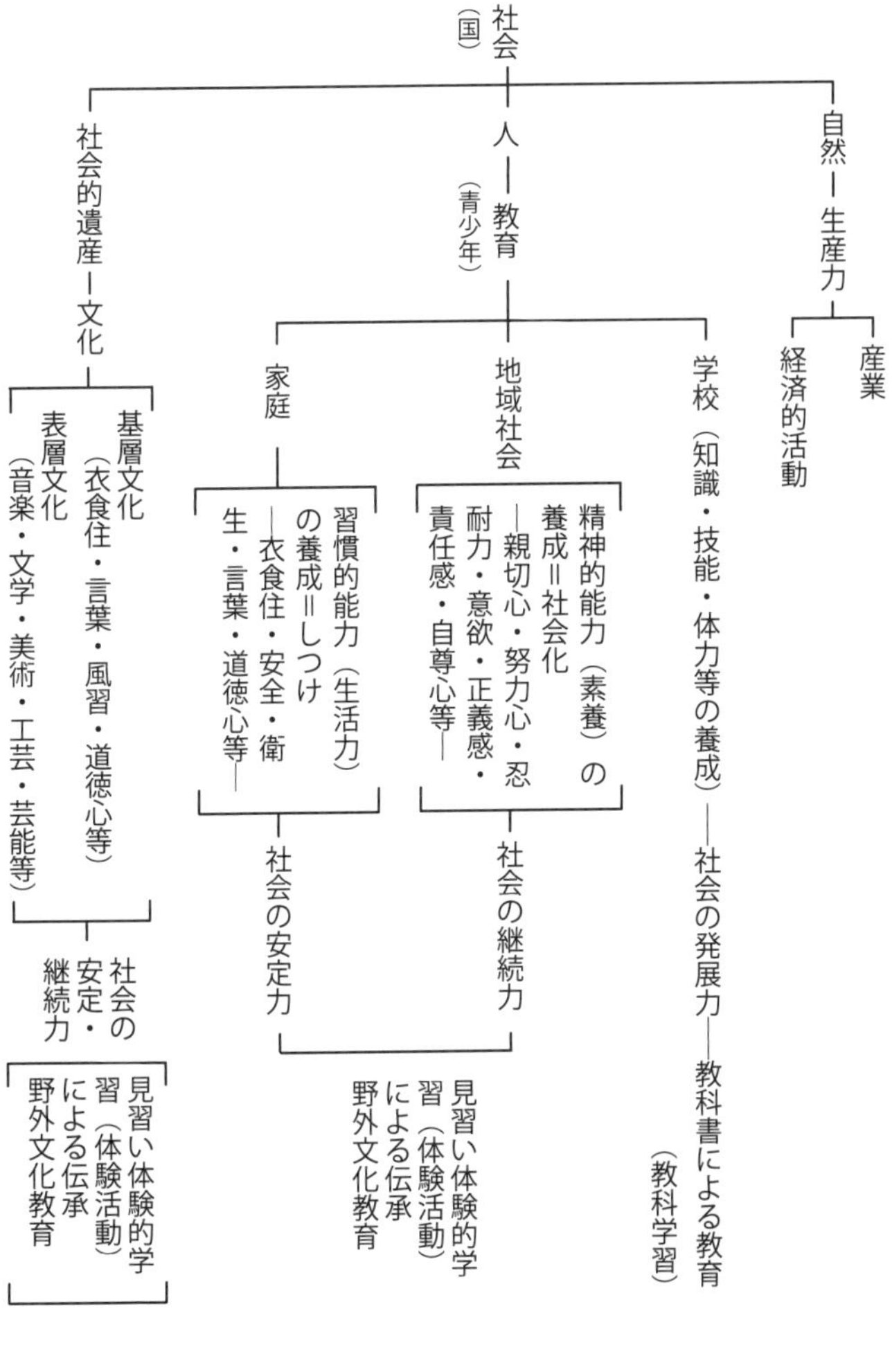

社会（国）
自然
生産力
産業
経済的活動
人
教育（青少年）
学校（知識・技能・体力等の養成）
社会の発展力
教科書による教育（教科学習）
地域社会
精神的能力（素養）の養成＝社会化
―親切心・努力心・忍耐力・意欲・正義感・責任感・自尊心等―
社会の継続力
家庭
習慣的能力（生活力）の養成＝しつけ
―衣食住・安全・衛生・言葉・道徳心等―
社会の安定力
見習い体験的学習（体験活動）による伝承
野外文化教育
社会的遺産
文化
基層文化（衣食住・言葉・風習・道徳心等）
表層文化（音楽・文学・美術・工芸・芸能等）
社会の安定・継続力
見習い体験的学習（体験活動）による伝承
野外文化教育

その見習い体験的学習活動のことを、ここでは〝体験活動〟と呼んでいるのだが、近代的な学校教育が始まる以前からの日本にあった教育は、家庭や地域社会において見習い体験的学習の機会と場を与えることであった。

そこで、これからの豊かな科学的文明社会において、社会が安定・継続するに必要な社会化(社会人準備)教育は、これまでの学校における文字や言葉や視聴覚機器等による知識教育同様に重要なことである。だからこそ、これからの公教育の一環として古代から最も確実な人間教育の方法であった、見習い体験的学習ができる、群れ遊ぶ集団活動の機会と場を与えてやることである。

本来は、家庭や地域社会がその機能を十分果たしていたが、戦後の日本は徐々にその機会と場が失われてきた。そのため、昭和五十年代から、「生きる力」とか「感じる心」等と間接的に表現して、学校教育にも社会人準備教育を取り入れようとしたが、言葉や文字等による間接情報では十分機能を果たすことができなかったので、生活の現場で直接的に見習い体験的学習ができる機会と場を、作為的に作らざるを得なくなっている。

今日の日本では、家庭教育や地域社会の教育力を復活させるのは困難なことなので、それに代わる社会化教育としての「六泊七日の生活体験学校」のような社会人準備教育が、公教育として必要になっている。

人類は有史以来、より良い社会人、すなわち修養することによって身に付く素養ある後継者を育む社会人準備教育に大変な努力と工夫を重ねてきた。それは、今日では学校以外の組織的教育活動である社会教育とか青少年教育という言葉で表現されているが、残念なことにその活動内容は、生活感のないスポーツやレクリエーション中心になっているのであまり効果的ではない。

一般的に使われている青少年教育は、心身の健全な青少年の育成という私的な側面と、大人のほうに近づくように手を差しのべてこちらに引き寄せて、社会のよりよい後継者とする、素養ある健全な社会人の育成を意味する公的な側面があるが、戦後の日本の教育は、アメリカのような価値観の多様な多民族国家と同じように私的な側面が強かった。

ここで言う素養とは、礼儀作法や言葉遣い、思いやり、親切心、忍耐力、正直、意欲、正義感、責任感、そして情緒、情操心等のことで、発達段階の青少年期にいろいろな集団活動を通じて培われる精神的能力のことであるが、放置していればなかなか身に付かない。

地球上のいかなる民族、部族の社会でも、素養あるより良い社会人、すなわち後継者を育む努力と工夫を続けてきたことによって、人類は今日のような社会人になり得たし、いろいろな民族や文化が継続されてきた。しかし多民族国家ではその成果を得ることは困難を窮めた。

少年教育には、個人の資質を向上し、存在条件を有利にする私的側面と、社会人として、生活文化の共有を強いる公的側面があるが、学校教育制度が発展充実した戦後の日本においては、私的側面の知識・技能教育やスポーツ・レクリエーション等が重視され、公的側面の社会化、すなわち心の保障となる生活文化の教育が影をひそめがちである。それは、アメリカ化の教育を実施するために、生活文化がまだ身についていない、未熟な子供が主役と言う私的側面を重視したからでもある。

日本での学校は、鎌倉時代初期の西暦一二〇〇年頃、栃木県の足利に創設された学問所の〝足利学校〟が始まりとされているが、近代的学校教育制度は明治五（一八七二）年以来なので、まだ百四十年しか経っていない。

社会が安定・継続するために必要な後継者を育成する社会化教育、すなわち社会人準備教育は有史以来続いており、より豊かな生活文化を体験的に伝え、素養ある社会人を育成することであった。それは、少年たちにとっては、日常的に繰り返される生活労働や冠婚葬祭等の社会的儀式の異年齢集団活動を通じて、生活の知恵が誘発される見習い体験的学習の機会と場であった。

明治時代に始まった日本の近代的学校教育は、全人格的教育を目的としたので、私的側面のみならず公的側面の社会化教育や〝体育（心身の鍛錬を目的とする日本的教育用語で、技を競い合うスポーツと同じ意味内容ではない）〟をも導入し、世界に例を見ない学校教育の充実と成果を上げ、社会の発展に大きく貢献した。しかし、第二次世界大戦後の民主教育は、自立した国の安定、継続に必要な公的側面の社会化教育を殺ぎ、家庭や地域社会の教育力をも衰退させた。その上、青少年の健全育成活動がスポーツやレクリエーション中心になり、私的側面が強く、生活文化の共有を促す公的側面の弱いものとなっていた。

人類が有史以来続けてきた少年教育の目的は、生活と仕事の準備をさせ、素養あるより良い後継者を育成し、社会の安定と継続を図るためであったが、昭和二十年の秋以後の日本は、アメリカ軍中心の占領下でいささか異なった前例のない教育を始めることになった。それは、日本国憲法前文に「われらは……、国際社会において、名誉ある地位を占めたいと思う」とあるように、地球の、世界の、人類の平和を重視する、しかも「世界は一つ」的な日本独自な国際主義的教育であった。

戦後の民主教育を受けた日本人の多くが、自分たちの郷土や国よりも、人類を、地球を愛する国際主義者になった。しかし、その日本人は、「世界は一つ」的な理想論的国際主義者が多く、自国の文化や各国の具体的な事情を知らないこともあって、他の国の人々から「倫理観がない」と評されている。倫理とは二人以上の人が共に生きるに必要な生活理念である道徳心であり、素養のことである。日本人が踏み行うべき道としての道徳心は、人類に共通する生活理念でもあるので、まずは日本人としての自己認識による道徳心が必要なことに気づいていなかった。そのせいか、他国、特にアメリカの価値観に合わせることに気をとられ、日常生活で安心、安全よりも不安と不満を感じる人が多くなっている。

これからは、インターネットや高速交通網等のおかげで、地球規模で結びついて「個人の時代」になるだろうが、精神的な心の保障が得られず、大変不安の多い社会になるだろう。しかし、独自な生活文化を失っては国家が成り立たない。

今私たち日本人がなすべきことは、日本人としての自己認識によって社会の安定と継続を図ることである。そのための少年教育とは、日本人の価値観や生き方、食文化、風習等の生活様式の座標軸を教え、示し、公共性としての素養をしっかり身につけさせて、逞しく生き抜かせるようにすることである。その具体例として実施されているのが、小学五年生から中学三年生までの少年期の子どもたちに夏休み中の学校において、六泊七日で共同宿泊自炊生活体験をさせる「生活体験学校」である。

第四節　逞しく生きる心の保障

①少年期の心の発達

日本のように科学的な文明が発展して豊かになると、生活するために必要な基本的なことはあまり教えなくなり、学校で進学や就職、又は働くために必要な知識・技能を教えることが教育だとみなされがちになる。しかし、私たちはいつの時代にもより良く、逞しく生き、より安全、安心に生活するるために学び、働くのだから、ここではいつの時代にも必要な生活の準備とするのである。

非文明社会の発展途上国で生まれ育つ子どもと、日本のように高度に発展した情報文明社会で生まれ育つ子どもは、同じ十歳でも社会的刺激や情報の量が違う。豊かな文明社会の子どもは、情報量が多く、刺激が強すぎて、十五歳ですでに人間的・社会的に疲れ、あらゆる刺激に麻痺しかけ、意欲的に生きる気力を失いかけている。ところが、非文明社会の子は、十五歳頃になって初めて人間的・社会的に好奇心を持って意欲的に向学心・向上心が沸く。彼等はまず自然や社会との関わりによって生活するに必要な基本的なことから学び始める。これからの日本でも、長い人生を明るく元気により良く逞しく生き抜かせる気力を高めるためには、やはり少年期に生活するための基本的能力としての生活文化を身につけさせておくことが必要である。

小学校・中学校でのより効果的な社会化教育は、少年期の心身の発達段階をよく知って対応することが重要であるが、一般的には六〜十四、五歳までが適時年齢だとされている。

神経の発達は、心の成長と大きくかかわっているのだが、前にも述べたように、神経は、五歳頃から発達し始め、平均すると九歳がピークになり、十五歳頃にはほぼ終わるとされている。

〝心〟とは、一般的に私たちの心理作用のことで、具体的には物事をどう考え、どう感じるか、意志をどう持つか等、感情の総合的なものだが、心の大切な要素を具体的にすると、〝信頼〟、〝愛〟、〝価値観〟、〝情緒〟、〝情操〟等である。

私たちは、幼少年時代の様々な集団活動によって起こる、このような五つの心理的要素によって、心の原点が培われる。

一般的に、六歳頃から十五歳前後までの少年期に身につけた精神的能力が、生きるに必要な価値観や生活態度等の社会的能力の基礎となるといわれている。こうした社会的能力を身につけ、気力を高めて心を豊かにするには、神経の成長が大きい九歳前後が最も大切な時期である。

少年時代に見たり、聞いたり、体験したことは大変強く印象づけられるので、一種の「すりこみ現象」になりがちである。このように、神経の発達と精神的能力のかかわりが強いので、母語や情緒感等は十五歳頃までに培われるものとされている。私たち人間は、遅くても十八歳頃までには社会的能力の基礎が培われるようである。

脳生理学者によると、少年時代によく遊ぶと主に五感を司る右脳が発達し、性格的には非論理的、直感的、総合的、創造的、情熱的になりがちだそうだ。ということは勘がよく働き、政治家的、企業家的、芸術家的タイプの人間になりがちだそうである。

それでは少年時代の早くからよく学ぶとどうなるかと言えば、主に論理や思考を司る左脳が発達し、論理的、分析的、言語的、順序（プログラム）的、マニュアル的になる傾向が強く、学者や役人的タイプの人間になりがちだそうだ。

私は、昭和六十二年と六十三年の二年間にわたって、〝野外伝承遊びの実態調査〟を当時の文部省の補助金をもらって二〇万部のアンケート用紙を全日本に配って実施し、全国六箇所で観察調査をしたことがある。その中で、日本の政・財界や学者、文化人として名の知れた著名な方々にインタビューやアンケートで青少年時代の遊びについて調査した。その結果は「野外伝承遊び実態調査」Ⅰ、Ⅱの二冊の報告書にまとめられている。

こうした実体験と、これまでの偉人、傑物その他多くの優れた人々の伝記や話によると、少年期前半にはよく遊び、後半から学び始め、青年期になってよく学んだとされている。それからすると、少年期には比較的よく遊び、青年期になってよく学ぶと、心が豊かに育まれて心身のバランスのよい大器晩成型の人間に成長する可能性が高いようである。

私の少年期の遊びに関する調査や偉人伝、物語などからすると、少年期に遊びもせず、早いうちから学んでばかりいた人は、少年期、青年期にはよいのだが、伸びが早くに終わってしまって心の豊かさが十分に育まれない傾向が強く、四・五十代で早死にする人が多いようである。それからすると、少年期に部屋でインターネット相手に一人遊びをしがちな今日の子どもたちも、その傾向が強く、生活力が弱くて精神的にゆとりがなく、孤独になりがちである。

天才は別だが、一般的な人の評価は、三十歳を過ぎた頃から力を発揮して高まればよいもので、その真価が問われるのは、壮年期になってからである。しかし、商業主義と結びつきやすいスポーツ、文学、美術、音楽、芸能等のような表層文化については、時代と共に社会的評価が変化し、若年者でも実力を発揮したり名声を得ることがあるので、評価や価値観を決めることはできない。だが、そうした彼らが精神的な心の保障が得られているとは限らない。

② 逞しく生きる気力の養成

人の子は、きわめて未熟な脳を持って生まれてくる。そのような動物的人間の〝ヒト〟から、社会的・文化的人間の〝人〟になるためには学習が必要である。人の子の動物的〝ヒト〟は、十歳前後になってやっと社会的〝人〟になれると言われているのだが、いつの時代にも公教育の目的は、生活力のあるより良い社会人を育成することである。

人間は、生まれる前から人間の形をして成長はしているが、神経は生後の五歳頃から大きく発達しはじめて、平均すると九歳前後が発達のピークになるとされている。ということは、この頃が、神経細胞の樹状突起が盛んに発達して、脳の神経線維が髄鞘化し、刺激に応じて神経回路網が最もよく作られるので、何事についてもすり込み現象が起こりやすく、社会人育成にとっては重要な時期である。

野外で異年齢の子どもたちに遊びや自然体験・耐久運動・生活体験等の集団活動をさせるのは、社会人育成としての手段であって目的ではない。目的は、一人前のよりよい社会人に成長するに必要な、好奇心、行動、理解、納得（感動）、使命感等の心理作用を精神的・身体的・知能的・社会的に起こさせて、より良く、逞しく生き抜く気力を養成するためである。

何でも始まりは、まず、好奇心を持ち、直感的に行動することである。動物のオスは、好奇心旺盛で直感が強く冒険好きだと、よく言われる。そのためにオスは一匹で行動することが多く、メスは徒党を組んで行動することが多いのだそうだ。私たち人間もほぼ同じだが、男女平等なので権利や義務は平等であっても、好奇心の持ち方には本能的な区別があり、社会的に生き抜く気力や思考、価値観等にも違いがあるから、お互いに引き合って面白いのである。

次に、好奇心を持って行動に移すかどうかだ。ほとんどの人は好奇心を持つはずだが、じっとして行動しないのが三十数パーセント、行動したいと思ってから長く時間をかけて行動するのが三十数パーセント、その時すぐに行動するのが三十数パーセントだとされている。好奇心を持ってから行動するまでに働くのが精神的心理作用、行動するときに働くのが身体的心理作用である（次頁の図を参照）。

行動すると、それに対する結果が生じる。よかったか悪かったかの思考（知力）があり、さらに、それを判断し、理解して理屈で納得する。これらは知能的心理作用によるものである。好

体験活動によって起こる心理作用

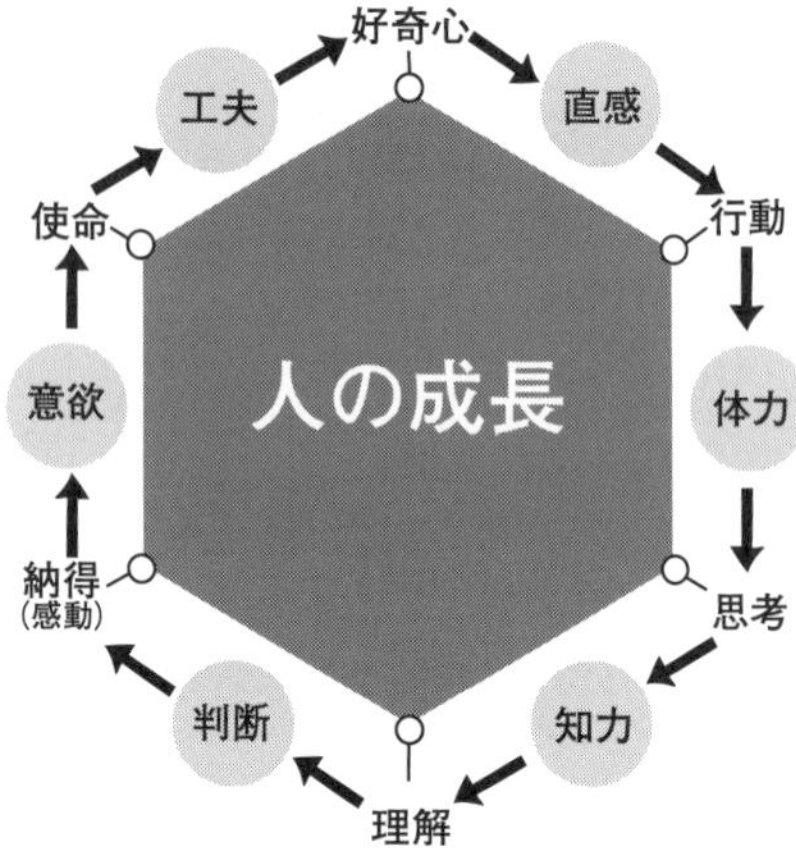

好奇心(直感)	精神的心理作用
↓	
行動 (体力)	身体的心理作用
↓	
思考 (知力)	知能的心理作用
↓	
理解 (判断)	知能的心理作用
↓	
納得(感動) (意欲)	知能的心理作用
↓	
使命 (工夫)	社会的心理作用

奇心を持ってから行動した者のうち、行動に対して納得するところまでいくのが、三十数パーセント、全体の二十パーセント程度である。

納得すると、他人に伝えたいという気持ちが自然と生じる。例えば竹とんぼはどうして飛ぶのかについては、物理学を勉強した人は空気圧によって起こる「飛翔力」を習って知る。水鉄砲は「圧力」によって水が飛ぶ。その他にも、「重力」「浮揚力」「支点」等について習うが、少年時代に遊び体験のない人は、言葉や文字でいくら習っても、実際にはなかなか理解できない。とにかく、少年期に体験したことをその後に理屈で学ぶと、その原理が良く理解できて納得することができ、学習が意欲的になりがちである。今日の若者が物理や科学を敬遠しがちなのは、少年期に様々な遊びをしていなかったことによるものではあるまいか。

人類にとって古代からの社会人育成のあり方、方法は、見習い体験的学習と訓練であった。そして、近代になって学校の教科書による知識、技能教育が取り入れられた。とすると、われわれ人類にとっての学習とは、見習い体験的学習と訓練、それに教科学習であるが、ここでは主により良い社会人育成に必要な見習い体験的学習について述べている。

古代から続いている〝見習い体験的学習〟と〝訓練〟は、伝統的教育とも呼ばれる。日本はこの伝統的教育（社会化教育、本来の社会人準備教育）が鎌倉時代から世界一発展し、充実していた。しかし、戦後は衰退の一途をたどり、特に経済的に豊かになりかけた昭和四十年頃から日本的価値観が衰退し始め、近代的な学校教育重視によって一層衰退して、今日では世界一希薄な国になっている。

古代から日本に続いていた少年教育の基本は、いろいろな遊びや生活体験、自然とのかかわり合い、冠婚葬祭や年中行事等への参加やかかわり等を通じて、見習い体験や訓練によって心身の鍛錬をさせて、生活と仕事の準備をさせることであり、親が知っている全てのことを伝えることであった。しかし、文化伝承の形態は、親の世代ではまだ力不足で、むしろ祖父母から孫への隔世伝承となるのが、古来変わることのない人類に共通する社会現象である。戦後の日本は、そのことを無視し、アメリカ占領軍の尻馬に乗って孫と祖父母の世代を政策的に切り離した。それは社会の安定・継続に必要な生活文化伝承を阻害し、社会人として力強く逞しく生きる生活力や気力を殺ぐことであった。

人類は数万年の歴史を持つが、文化的存在を意味する有史以来となると、一万数千年である。とにかく、一万年以上もの長い間、災害の多い厳しい自然環境に順応して生き残ってきた生命力の強い今日の私たち人類は、二〜三日間飲まず食わずでも死にはしないし、生活の不便や食物の少ない貧困、それに明かりのない闇に対しては、すでに十分知識や知恵を身につけ、遺伝子に組み込まれているほど慣れている。しかし、今日の日本人はそのことを忘れて、巨大地震等の被害想定における予防対策が、物の備蓄や施設作り、そして規則作り等、形式的な守られる立場ばかりに気をとられて、いざと言う時に役立つ人間の潜在的能力を一層高めて、自らの守る立場を堅固にするようにはなっていない。人類古来の防災対策で最も重要なことは、人災、天災等、どんな災害にも負けずに逞しく生き抜く力を身に付けた人を育成する、少年教育である。

私たち人類は、機械化による合理化、明るさ、多情報、物の豊かさ等に対しては、まだ半世紀ほどの経験しかなく、どのように対応してよいのかすら判断がつかない状態である。そのため、科学的な文明化に対応する気力を高めるための心身のあり方や、少年教育のあり方についてはまだ関心が弱く、学問的研究も不十分で、不明な点が多い。

しかし、時が来るのを待つのではなく、判明の時をより早く引き寄せるために、これからの科学的文明社会に対応する新しい教育観による、より良く、逞しく生き抜く生活力や気力の養成としての先駆的少年教育のあり方を、ここで見本的に列記すると、文明化と豊かさへの対応、当たり前としての社会化、安心・安全感の養成、精神的心の保障の四点となるが、それらについて簡単に記述する。

イ、文明化と豊かさへの対応

これからの科学的文明社会では、健康な心身を保持することが最も重要である。それは、外見は健康そうだが、社会現象の変化の激しさについてゆけずに、精神的に疲れてストレスを感じている人が多くなっているからだ。

健康な肉体を維持するためには、少年期に防衛体力を培って、身体によい食物と適度な運動が必要である。人間は一日の半分は起き上がった状態で身体を動かしていないと、関節が硬直してスムーズに動けなくなるので、常に適度な運動が必要である。食べ物に関しては、本来の自然界にある有機物を食べている間はよかったが、今日では科学・技術が発展して人工的な食物や添加物・農薬等が身の回りにあふれているので、注意が必要になっている。身体によい食べ物の三大必要条件は新鮮、おいしい、身体に害のないことだ。

健康な精神、心のやすらぎを維持するためには、よりよい自然環境と同じ生活文化を共有する仲間のいる社会環境の両方が必要である。人間は非常に身勝手な動物でもあるので、この両方をうまく連動させることが、これからの科学的文明社会におけるストレスを解除して健康な精神を維持する知恵でもある。それは、社会（仲間）と自然（孤独）が希望によってかなえられることでもある。

そのためにはまず少年期に、その土地に馴染んだ衣食住の仕方・あり方・風習・言葉・考え方等や自然環境への対応の仕方をきちんと身につけておくことが大切である。

ロ、当たり前としての社会化

社会とは、共通の文化を持った人々、または一定の規則の下に二人以上の人が集まった状態であることは前にも述べたが、共通の文化である言葉・風習・価値観・道徳心等が共有されていないと、表情、目線、仕種等でのコミュニケーションを図ることができず、お互いを理解することが困難である。

戦後の民主教育は、個性重視の原則の下に、子どもたちの内発的動機づけを重視し、教育という言葉すら嫌って、まるで王子、王女を育てるかのような「子供が主役」の子ども中心主義から、個々の発達を支援してきた。しかし、それは、規範や人間性、社会性、生活文化等の社会化教育、すなわち社会人準備教育を蔑ろにし、価値観や行動規範の見本のない放任主義になりがちであった。そのため、民主主義社会にとって最も重要な、自由と規則、平等と競争、権利と義務についての理解が十分になされないままであった。どちらかと言えば、個人が守られる立場の自由、平等、権利ばかりが強調され、全体を守る立場の規則、競争、義務の必要性を重視してはこなかった。

しかし、社会における自由を守るためには規則が必要であり、平等だけでは安定、継続、発展させることはできないので少々の競争が必要であり、権利の裏には必ず義務がある。

このような、社会人にとってごく当たり前の心配りや絆、愛等を少年期に体験的に身につけさせることが社会化なのである。

ハ、安心、安全感の養成

私たちは、肉体と精神によって生かされている。日常生活の安全を期するためには、結果に対応する知識や技術よりも、未然に防ぐ心得が大切である。そして、安心・安全に思える心の保障としてのよりどころは、ごくありふれた「こうしていれば大丈夫」という生活習慣や慣れとしての納得感である。

人は誰でもよりよく生きるために学んだり、働いているのだが、よりよく生きている精神的な喜びを感じるには、他人とのかかわりや自分の価値観による納得が必要である。その心の保障としての価値観に最も大きな力を発揮するのが、日常生活の知恵、あり方である生活文化だ。しかも、その生活文化の共通性が人間関係や絆、人格までも培う。

日本の生活文化は、日本の自然環境に順応して改善を加えつつ徐々に培ってきた先祖たちの考え方、生き方なので、それを無視して生活していると、徐々に安心、安全感が薄れ、高齢になるにつれて心のよりどころを失って不安が増してくる。それに、今回発生した東日本大震災のような、自然の異常現象に対応する知恵、力を弱めて、長い間途方に暮れることになる。

私たちの先祖は、摩訶不思議な自然のあり様を十分に受け止めて、なんとか折り合いをつけながら生き、生きて、長い長い歴史を積み重ね、今日の日本国を私たちのために築き上げてくれた。その自然と共に生きてきた先祖たちの歴史・伝統を無視しては、これからの豊かな科学的文明社会でも安心、安全に暮らせることはできない。

私たちの安心、安全にとって重要なことは、生活力や素養ある一人前の社会人になることと、よりよい人間的状態の維持である。そのためには、現代社会に必要な知識、技能だけでなく、少年期に様々な見習い体験的学習を重ねて、社会人としての基礎、基本的能力を築いて、より良い社会人になることである。

今日盛んになっているＩＴ技術のフェイスブック等は、擬似社会における勝手なおしゃべりで、自己欺瞞に陥りやすい。そこでは架空の集団欲、征服欲等を満たしているようだが、充足感のない不安と不満による多忙を極め、自己満足的な妄想の世界で心身を浪費しがちになる。

我々が感じる安心な気持ちは精神的なことなので、同じ言葉や共通する価値観、風習等を共有する社会で、日常的に何気なく行なっている生活文化によって支えられている。もし、そのような自己認識が持てないならば、世界の何処に住んでも、フェイスブック等でおしゃべりしたり、観たりをしても、国際的な経済活動に意欲的に邁進しても、金銭や物が豊かになっても充足感や安心感を得ることはできない。ましてや老後に、外国を安住の地とすることは思っているより困難である。

安全に思えるのは身体的なことなので、健康な身体を維持することが重要である。健康な身体は、少年期に防衛体力や行動体力を培って、害にならない食物を食べ、適度な運動をすることとよく眠ることによって維持される。

本来の少年教育は、主義・思想・宗教を越えて、生きるに必要な生活の知恵としての生活文化を伝えることであったが、戦後の日本の教育は、そのことを忘れて、学校教育によってより多くの知識や技能を身につけさせる学力向上を目的化していた。そして、少年期の子どもがやがて社会人、大人になることへの関心よりも、青少年期の今がよければよいとの考えが強く、「子供が主役」の受験用やスポーツ・レクリエーション・習い事中心になっていた。そこには、好奇心・判断力・応用力・活力等を育み、生活文化を伝承して安心、安全感を養成して、逞しく生き抜く社会人を育てる、未来志向の社会意識が欠けていた。

二、精神的心の保障

日本の年間自殺者数は、平成十年頃から十数年間も毎年三万人を越している。「経済、生活問題」が動機と見られる自殺者が多くなっているようだが、四十歳以上の中高年が七十五パーセント以上を占めている。中でも、家族の中で役割を失った孤独で引きこもりがちな老人が多くなっている。

平和で豊かな日本で、自殺者が年々増えているのは物質的なことだけではなく、孤独死や無縁社会とか孤族などと表現されるさつばつとした較差社会の中で、お互いに理解し合えない、絆が薄くなった心に問題があるようだ。

戦後六十数年も続いた子どもを中心とする主体性、自主性、個性重視等の原則による学校教育は、今日の子どもたちの登校拒否、非行、いじめ、自殺、殺人的暴力、薬物濫用、援助交際、売春行為等や学級崩壊によって、教育の行き詰まりや教育力が低下したとみなされているし、知識偏重教育のあり方が問い直されている。

社会は人により、人は教育により、教育は内容によるのだが、いつの時代にも大人が少年期の子どもに対して、人間的、社会的に自信を失ったり、道徳的にひるんでは、より良く逞しく生きようとする社会人（日本人）を育成することはできない。

いつの時代も、十歳頃までの子どもは動物的であって、ひ弱な上に利己的であり、文化的、社会的な人間ではない。そんなことは百も承知の上で、半世紀以上も少年期前半の子どもにまで移民による多民族国家アメリカと同じように自主性、積極性、個性尊重を理想とし、子どもたち一人一人の状態や課題に応じることが適切な対応だとしてきた。

単なる学力向上の知識偏重教育における理想的な理屈をこねて評論することは安易なことで、公教育で大事なことは、自立したより良い社会人を育成するに必要な方法論と具体的な実践である。しかし、少年教育としての実践活動は手段であって目的ではない。目的は、社会の安定と継続、そして、人々が安心して安全に暮せることである。そのことを抜きにしては社会をより良くすることはできない。例え経済活動がグローバル化したとしても、日常的に生活を営む自分たちの社会、日本国こそが、生活の基盤であり心の保障なのである。

これからの社会保障には、物質的な面と精神的な面の両方が必要である。衣食住や医療、娯楽等の物質的保障はいつでも、誰にでも、老後でもできるが、生きる意欲や喜び、価値観等の精神的な心の保障は、本人にしかできないものなので、少年時代に基礎をしっかり身に付けておくことだ。それが歳月と共に大きく育まれるので、老後になってからではなかなか身に付かない。

そのためには、これからの科学的文明社会に対応する、先駆的な少年教育のあり方の一つとして、少年期後半に、六泊七日から九泊十日の共同宿泊自炊生活体験の機会と場を作為的に作り、社会的能力の基礎を培わせることである。

何はともあれ、これからの公的な少年教育は、より良い青少年であるためよりも、多くの体験知を身につけて人間力を高め、より良い社会人になり、より良く逞しく生き、より良い老人になって、自然や社会とのかかわりを深め、孫の世代に生活文化伝承の使命的喜びを感じる、精神的な心の保障が得られるように、未来志向の長期的展望が必要である。

③ 逞しさのあり方

人類は、これまでに経験したことのない科学・技術の発展した高度な文明時代に突入している。そして、高度に発展した情報文明社会に生まれ育つ子どもたちを、生活力のある一人前の社会人に育て、社会の安定・継続を図るにはどのようにすればよいのか、今や地球的規模で頭を悩ませているが、未に確たる理論や方法はない。しかし、科学、技術による文明化によって社会的現象は激しく変化しているが、人間の本質、特に子どもの本質は今も数百年前とあまり変わっていないので、古来の生活や仕事の準備である社会人準備教育の原点に立ち戻って、学力思考は別にして逞しく生き抜かせるための少年教育のあり方を考えてみる。

イ、明るく元気に生きる力

私たち人間が古代から行ってきた社会人育成事業は、言葉や文字、視聴覚機器等による間接的な理屈によることではなく、日常生活における直接体験を通じて、具体的に習得させることであった。科学的文明社会に対応する少年教育の方法の一つである体験活動を通じて行う野外文化教育は、科学的・合理的ではないが古代から続いている最も確実で効果的な人間教育のあり方を、現代的に体系づけたものである（詳しくは、三和書籍出版の拙著、『野外文化教育としての体験活動』を参照）。

私たち日本人は、この四〜五〇年間は、科学・技術の開発、発展、そして経済活動に邁進し、子どもたちに先端技術や情報的知識を習得させるための教育には情熱を注いだが、社会人として安全・安心にゆとりを持ってより良く、逞しく生きるに必要な基本的能力（野外文化）を身につけさせる社会化教育には、あまり熱心ではなかった。しかし、二十一世紀の高度に発展した文明社会においては、技術や情報知を伝える教科書による教育と並行して、日常生活を安心・安全に賢く逞しく生きるに必要な体験知としての生活文化を伝える野外文化教育が必要なのである（次頁の野外文化教育体系図を参照）。

三十数年前まではあまり意識する必要のなかった、教科外教育としての野外文化教育は、生きるに必要な社会性や人間性を豊かにし、〝生きる力〟や〝感じる心〟を培うための総合的な人

野外文化教育体系図

野外文化の子どもへの伝承のありかた

			（ねらい）	（実例）
自然と生活	1.自然体験	生物探索—植物探索（グリーンアドベンチャー）	①自然との具体的な対面 ②植物名の必要性の認識 ③植物と生活文化のかかわり ④植物の特徴 ⑤美的情操の陶冶 ⑥自然の中の会話	①植物の名前10種　②植物の名前20種 ③植物の名前30種　④植物の名前40種 ⑤植物の名前50種 ⑥植物15種から10種を選ぶ ⑦植物30種から20種を選ぶ ⑧植物45種から30種を選ぶ ⑨植物60種から40種を選ぶ ⑩植物75種から50種を選ぶ ⑪栽培
		生物探索—動物探索	①名前を知る　②習性を知る ③餌を知る　④危険度を知る ⑤鳴声の特徴を知る ⑥雌雄の違いを知る	①飼育 ②近くで観る ③鳴声を聞く ④触る
		生物探索—海浜生物探索	①名前を知る　②習性を知る ③食べ方を知る ④潮の干満による変化を知る	①採集 ②近くで観る
		地質観察	①岩石の名称を知る ②土質を知る ③植物とのかかわりを知る ④地形を知る	①採集 ②近くで観る ③触る
		観天望気	①天候変化の兆候認識 ②動物と天候とのかかわり ③季節風の認識 ④四季の天候的特徴認識 ⑤雷の遠近を知る ⑥星座の認識	①風向と風力の観察 ②雲の観察 ③天体観察
	2.農林水産業体験		①採集の知恵の養成 ②冒険心と挑戦欲の向上 ③計画力の向上　④努力の実感 ⑤分業的労働認識 ⑥労働意欲の向上 ⑦共同作業の認識 ⑧収穫の実体験	①田植　②刈り入れ　③果実の収穫 ④植物の移植　⑤土壌作り ⑥家畜の飼育 ⑦まき作りとけし炭作り ⑧農産加工　⑨地引き網 ⑩水産加工　⑪木工 ⑫植林
	3.生活体験		①社会性の向上　②体力養成 ③生活文化の実体験 ④判断力の養成	①火おこし　②燃料集め　③炊飯 ④自然食の作り方　⑤住い作り ⑥ひもの結び方　⑦外敵の防ぎ方 ⑧応急処置　⑨道具づくり ⑩刃物の使い方
野外運動	4.耐久運動不足の体験	遠泳	①心身の鍛練	①遠泳 1〜5km
		登山	①高低による動植物の認識 ②体力養成 ③目的達成の実感 ④感動の体験	①トレッキング ②信仰登山 ③遠征登山 ④教育登山
		耐久徒歩	①集団行動の体験 ②距離感の養成 ③判断力と方向感覚の養成 ④体力的自信の養成 ⑤忍耐力の養成 ⑥足腰を強くする ⑦飢えと渇きと疲労の体験	①20キロかち歩き ②30キロかち歩き ③40キロかち歩き ④３時間遠足　⑤５時間遠足 ⑥２日間徒歩旅行 ⑦３日間徒歩旅行 ⑧５日間徒歩旅行
	5.野外遊び	近代的な遊び（スポーツ）	①体力養成 ②精神力養成 ③向上心の養成 ④自己主張の開発	娯楽を兼ねた 近代的野外運動 全般
		風習的な遊び（伝承遊び）	①体力養成 ②社会性の向上 ③創造と工夫のめざめ ④勇気と忍耐力を培う ⑤判断力・決断力養成 ⑥自己主張の開発	①竹とんぼ　②お手玉 ③なわとびと綱引き ④石けりと石あて　⑤竹馬のり ⑥鬼ごっこ　⑦騎馬戦 ⑧相撲と合戦　⑨きもだめし ⑩水遊び　⑪こま
歴史と伝統	6.祭と年中行事奉仕体験		①文化伝承 ②社会性の向上 ③自主性の開発 ④向上心の開発 ⑤祭り情調の体験	①祭りの運営　②もちつき ③みこしかつぎ　④太鼓たたき ⑤七夕祭り　⑥盆踊り ⑦収穫の祭り　⑧歌と踊り ⑨道具と着付け ⑩野外の食事
	7.地域踏査旅行		①自然環境の認識 ②社会環境の認識 ③地域史の認識 ④社会とのコミュニケーション	①史跡めぐり　②旅行　③工場見学 ④農山漁村探訪　⑤自然環境確認行動 ⑥社会環境確認行動　⑦道と川の確認行動 ⑧地域社会の共同体験　⑨地域清浄 ⑩墓地探訪

野外文化とは
自然と共に生きるに必要な心身を鍛練する方法や手段と、その行動の結果として生み出される心理状態(知識・態度・価値観など)による、人間本来の生命力の強さを培う知恵や生きる術としての基本的能力であり、生活文化のことです。そして野外文化の伝承を『野外文化教育』とし、その習得活動を『野外文化活動』と呼んでいるのです。

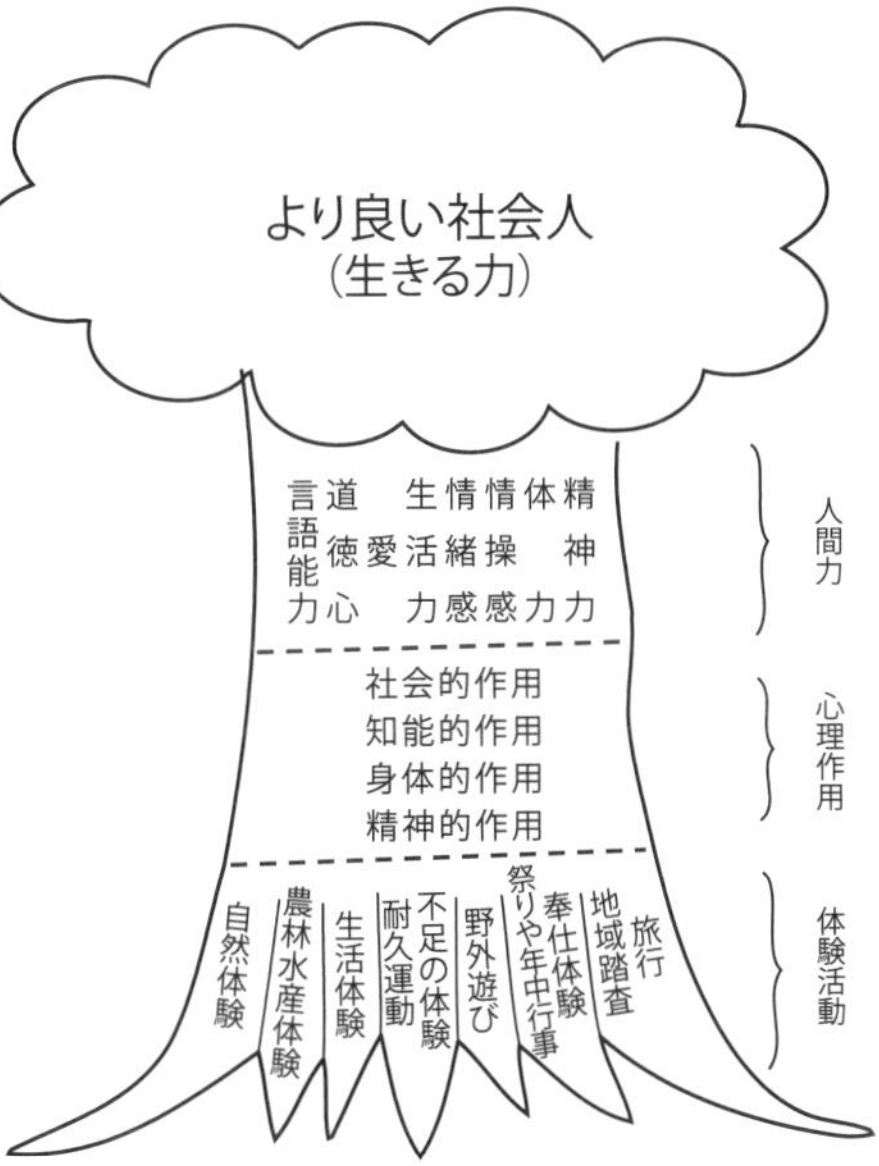

体験活動（野外文化教育）の目標図

間教育のことで、本来の生活力あるより良い社会人を育成する社会人準備教育を意味する（上の図を参照）。

二十一世紀の都市文明社会でゆとりある豊かな生活をするためには、次のような人間性が必要である。

まず第一に心身が健康で、困難に打ち克つ忍耐力が必要である。第二は、社会的義務と責任を果たすことのできる体験知とも言える、自分で考えて行動する活力・気力・想像力を身につけておくことである。第三は、情報知とも言える高度な知識や技術を身につけた、冒険的（チャレンジ）精神の旺盛なことである。

これからの文明社会で明るく元気に

逞しく生きるために必要な、これら三つの条件を兼ね備えた人は「野外文化人」、すなわち略して〝野文人〟である。野文人は野蛮人とは対照的存在で、いかなる科学的文明社会でも明るく元気に逞しく生きる力を身に付けて洗練された人のことである。

私たちは、お互いに社会での生き方、あり方、考え方、感じ方等の暗黙の了解事項をいくつも作り上げ、ごく普通に社会生活を営んでいる。その日本における暗黙の了解事項、すなわち日本人としての自己認識による生活文化こそ、人類に共通する社会人としての基本的能力である。それは、主義、思想、宗教等の観念の世界や、民族、国家を超越して人類に共通する文化である。その生きるに必要なごく当たり前の文化をより多く共有することに、平和で安定した社会生活が営まれる基礎があり、これからの独立国家間で協力し合う国際化の原点がある。

私たち人間各自が、大地に足をつけて生きるに必要な基本的能力を身につけていないと、男女二人が生活を共にすることすらできなくなり、社会の原点である家族・家庭が成り立たない。これからの日本人に必要なことは、まず日本独自の生活文化を自己認識することである。そして、その内容の大半が人類に共通する倫理観であり文化観であることを自覚することが重要である。なぜなら、一億の日本人に通ずることは、他の地域に住む六十九億の人類にも通じるからである。

今日の社会現象や青少年の心理および行動を調査研究して議論することは重要だが、いじめや非行、引きこもり、自殺等の結果への対応だけでは青少年の育成や社会の安定・継続に大きく貢献することはできない。大切なことは、今日のような社会現象の中で生まれ育つ過程において、社会人としての基本的能力を育むために、今、何を伝え、何をしてやるべきかを考えて、予防療法的に実践することである。その対応の一つが、子どもたちにこうなって欲しい、これだけは知っておいて明るく元気に生き抜いて欲しいという、大人の社会的・人間的希望である社会化を促す野外文化教育なのである。

ロ、感動する気力

少年時代の様々な実体験が、その人の生き方、考え方に大きな影響を及ぼすのではないだろうかと感じたのは、もう五十年近くも前のことである。

私は、学生時代の教職課程における教育心理の時間に、当時の担任教授から、一九一八年に出版されたというドイツの哲学者オズヴァルト・シュペングラーが著した、「西洋の没落」についての話を聞いた。その内容は、今栄えている西洋の諸文明も、社会の内部衰退によって、やがて崩壊し没落するであろうとの警告であった。しかし、単純に表題通りヨーロッパ諸国が没落するとは信じられなかった。そして、世界で一番豊かで、完全保障社会の国であったスウェーデンの老人の自殺率が世界一であることも知らされた。当時の日本は敗戦後のまだ発展途上国で貧しかったので、生活が保障された豊かな社会で、何故に自殺者が多いのか大変驚き、不思議な思いがした。

大学を卒業した年に日本を離れ、西洋の没落と称された現実を見るために、まだ治安が悪く、交通網が未発達なアジア大陸南部から中部を、決死の思いで東から西へ陸上の乗り物を使って、トルコのイスタンブール経由でヨーロッパ大陸に渡った。北欧のスウェーデンを訪れ、主都のストックホルムに約七ヶ月間滞在している間に、公園や街頭、自宅等で、老人たちに直接会った。そして「今楽しいか」、「今何をしたいか」、「今の生活は満足か」、「家族はいるのか」、「何歳まで生きたいか」、「どんな社会を望むか」等や、目の前に見える自然や自然現象等について尋ねた。これは私の初めての民族調査ともいえるが、専門的知識やはっきりした目的があったわけではない。

四〜五十人の老人たちと話したが、その大半が利己的で孤独な存在であり、周囲に関心が弱く、意欲が感じられなかった。例えば、北欧の夏は自然環境が大変素晴らしいのだが、目の前にあるブナやカバ、ポプラ、ニレ等の木、パンジ、サルビア、アイリス、ユリ、カーネーション、マーガレット、その他の草花及び、鳩やすずめ等の小鳥、そして空に浮かんだ白い雲、風向き等に関心が薄く、知識があまりなかった。スウェーデンには日本的な家族観がないこともあって、家族との絆の弱い老人たちは、孤独な上に自然と共に生きる心の豊かさや気力に欠けているように感じられた。

日本の一・二倍もの国土に、東京都の人口よりも少ない約八百万人（昭和四十一年当時）しか住んでいない、スウェーデンが豊かになったのは、国民一人一人の努力によるものではなく、第一次と第二次世界大戦に参戦しなかったことと、北部地方にあるキルナの鉄鉱石をドイツ軍が沢山買ってくれたことによって外貨が多く保持できたことによるものであった。

私は、この時、スウェーデンの利己的な自由主義的社会と、気力のない老人たちやフリーセックス等と称される自由奔放な若い世代の生活態度を観察し、人間は青少年時代、特に少年期に社会や自然、自然現象などについて体験的に知る機会がないと、老人になってからでは関心が深まり難く、孤独になりがちであることに気づかされた。

その後、日本が段々豊かになって安定し、社会保障が叫ばれるようになった昭和四十一（一九六六）年に、九月十五日が「敬老の日」と制定され、祝日となった。当時私は外国旅行をしていたので日本にいなかった。その数年後の昭和四十五、六年のことであったと思うが、東京の民報テレビ局の若い女性アナウンサーが、某老人ホームを訪れ、七十代と思われる白髪の男性にインタビューをしていた。

「お爺さん、今日は敬老の日ですが、何か楽しいことがありましたか」

「そんなものは何もないよ。わしらはこんなひどい社会をつくるために一生懸命働いてきたのではない。いいことなんて何もない。つまらんよ」

老人はけわしい表情で、生活態度、価値観、言葉、道徳心等が激しく変化し、理解しきれない日頃の不満をぶちまけるようにアナウンサーをにらみつけて言った。笑顔でインタビューしていた彼女は驚いて次の言葉が出せないまま、しばらくおどおどしていた。

「今日はお天気が良いですが、外に出て見ませんか」

彼女は、何を思ったのか、突然に話題を変え、老人の手を取って、二階のベランダへ連れ出した。老人はなおも堅い表情で、不満気に何かを見ていた。

「空がよく晴れていますねえ。お爺さん見て下さい、白いきれいな雲が浮かんでいますよ」

老人は、彼女の言葉に促されるように空を見上げた。そして、そのままじっとしていた。

「お爺さん、どうされましたか……、何か悪いことでも申しましたでしょうか」

老人の顔をみていたアナウンサーは、本当に困ったような表情で言った。クローズアップされた老人の顔には怒りや不満の表情は消え、目がうるんで好々爺を画にしたような表情になっていた。

「雲は変わりないね！……私は長い間、雲を見ることをすっかり忘れていたよ」

老人はぽつりと言って、彼女に「ありがとう」と言った。

青い空にぽっかり浮かんだ雲を、久し振りに見上げた老人の脳裏に蘇ったのは、少年の頃に見たと同じ雲であったのだろう。少年の日に雲を見上げて夢を見た、遊んだ、歌った、泣いたことを思い出し、万感をこめる思いがこみ上げてきたのにちがいない。空にぽっかり浮かんだ白い雲を見て楽しめる、泣ける、感動する、そして怒り、不満を言えることのできる気力のある老人は、少々のことでは自殺などしないだろう。

私は、公園や自宅で何もすることが無くボンヤリしていた、孤独で無気力なスウェーデンの老人を思い出した。日本とは自然的、社会的条件が異なってはいるが、老人たちは、物質的保障社会で活気のない生活を過ごしていた。あの人たちは生きるための物質的な保障はされていたが、元気に逞しく生きる気力としての心の保障が準備されていなかったのではないだろうか。北欧の厳しい自然環境の下で生きることに追われ、少年期にはあまりゆとりがなかったのかもしれない。

ハ、今をしっかり生きる力

わが日本国は、その後の物質文明の波に呑まれ、経済的には他に例がないほど豊かになり、画一的に発展したが、人々は生きる目標や生活文化伝承を忘れ続けてきた。その結果が、平成二十年頃には中年以上に多い自殺者が年間三万五千人以上にもなって、人口比では世界一、二となってしまった。そして、当時のスウェーデン以上に利己的で、孤独な人々が多くなり、家族の絆が弱まって孤独死とか弧族社会と言われるようになった。

テレビ画面の中で、「こんな社会をつくるために一生懸命働いてきたのではない」と老人が叫んでから、すでに四十年近くも過ぎ去った。

　当時の子どもが親になった今日の日本は、自殺者が多いばかりではなく、社会の後継者である青少年が、生活習慣の乱れや体力の低下が叫ばれていると同時に、元気がない、行動力がない、好奇心がない、それに判断力、応用力、活力までもがない等とも言われている。その上にニートやフリータ、うつ病等の若い世代が多くなり、少年期のいじめや自殺、非行、登校拒否、薬物乱用、性風俗の氾濫等が再度問題化している。まるでシュペングラーが一世紀も前に「西洋の没落」と表現したと同じように、「日本の没落」が社会の騒乱状態による内部衰退によって起ころうとしている。

　一人の人間を少年期から老年期まで追跡調査することは大変困難だし、不可能に近い。しかし、多くの少年から老人までの人々を見て人間的発達のあり方を洞察することはできる。私は、地球上の様々な環境に住む子供から老人までの多くの人々と、その生活の有様を見てきた。そして、日本ではもう四十年以上も社会の後継者を育成する青少年教育活動を続けて、昭和四十年代からの日本の子供たちと直接接してその有様を見続けてきた。最初に接した子供たちは、すでに四十代から五十代になっている。と同時に私自身がすでに老人の域に達している。

　いまさら言うことでもないが、人間の一生にとって少年期がいかに大切な時期であるかを痛感させられている。しかし、老人になれば誰でも分ることだが、いつの時代にも少年たちはそのことに気付いてはいない。

私たちが今、日常的に使用している携帯電話やテレビ、インターネット、新幹線や大型飛行機等は、僅か六十年前には夢や希望であった。その夢や希望であったことが現実化した今日の、豊かで平和な科学的文明社会に住む私たち日本人は、果たして幸福で満足しているのだろうか。人間にとっての進歩や便利が私たちを幸福にし、満足させ、安心、安全な気持ちを感じさせてくれるのだろうか。もしかすると、何気なく暮らしている私たちは、科学的文明社会にどっぷり浸かって、溺れ掛けているのかもしれない。

少年がやがて老人になることは理屈では分るが、なってみなければ具体的には分らないように、社会がどんなに変化しても過去を足場にして今をしっかり生きることが何よりも大事で、その積み重ねが心の保障に通じるのだと思うほかあるまい。

何はともあれ、便利で都合の良い社会に暮らす今日の私たちは、三十年、五十年後のあり方を考えながら、これからは身の丈にあった生き方を探すことが大事なのだろうが、誰にでも言えることは、今を精一杯しっかり生きることである。

私たち誰もがより良く、逞しく生きるためには多くの知恵が必要である。それは多くの対応行動によって身につくことで、理屈によるものではない。

例えば文明の利器による明るさの価値は、闇の怖さを知って始めて具体的に認識できるものであり、飢えや渇きを体験的に知らない人に食べ物や飲み物の大事さ、ありがたさを説明しても具体的には分らないし、他人を好きになったり愛したこともない人に、愛を語ってもなかなか理解できなかったり、いじめられたり、いじめたりしたこともない子供にいじめについて話しても、具体的にはなかなか分らないことのように、私たちの先人が血の滲むような試行錯誤によって獲得した、体験知としての生活文化の価値についてはなかなか理解できないだろうが、決して無駄にしてはいけない。それは、これまでの日本人が辿って来た生活文化を自己認識することによって、私たちの未来が開け、元気により良く、逞しく生きる力となることなのだから。

日本文化の崩壊を防ぎ、伝統的社会の叡智を駆使して、日本国の没落を防いで、安定、継続に必要なこれからの社会人準備教育としての少年教育は、学校で単なる学力向上としての知識や技能を学ばせたり、スポーツやレクリエーションをさせるだけではなく、自然と共に生きるに必要な知恵、生活文化を少しでも体験的に身に付けさせて、生活力のある逞しい日本人を育成することである。私たち大人の役目は、少年達の自助努力を仕掛けて支え、助けることであり、健康的な心身を培い、より良い社会人になって、より良くしっかり生き抜いて、より良い老後を迎えられるように、そのきっかけを作ってやることだ。

日本国の安定、継続のためには、数人のノーベル賞受賞者や億万長者を育成するよりも、百万人の生活力あるより良い逞しい日本人を育成することが必要であり、重要であることを忘れてはいけない。

私たち日本人の生活の基盤は、これからいかような国際社会になったとしても、日本国の活力によるものであり、安心、安全な心の保障は、共通又は類似する生活文化を身につけた日本人各自の人間力によるものである。

第二章

逞しさに必要な自立心と危機管理能力

第一節　利己主義の蔓延した現代の日本

① 個人化から始まる教育

子どもは、肉体的には歳月の流れと共に自然に大人になれるが、精神的には社会的刺激、すなわち訓練や見習いの学習がなければ、自立心が育まれずなかなか大人としてのよりよい社会人にはなれない。ここで言う自立心とは、他の経済的、精神的支配を受けずに、自分の力で物事をやってゆく心構えのことであり、ひとり立ちや独立心のことである。

いつの時代にも、大人は子どもたちに自立した〝生き抜く力〟が必要なことを伝える社会的義務があり、子どもたちは〝生きる力〟を習得する生物的使命がある。さもなければ、私たちは社会の何を基準に考え、判断すればよいのか分からず、たえず不安や不満にさいなまれ、心の保障としての安心、安全とゆとりや安らぎを覚えることはできない。それこそニートやフリーター、うつ病等に成らざるを得なくなる。

四～五歳までの幼児は、古代も今も変わることなく、非文化的、非社会的で動物としての感性や生命力を持っている。しかも、人間の子どもとしての姿、形をしているが、十歳頃までは社会的人間ではなく、大人に守られる立場で自立心が弱い動物的人間である。

今日の少年期における陰湿ないじめや自殺、引きこもり等は、未熟ゆえの些細なことが原因なのだが、その原点は家族の絆の弱さや家庭崩壊による不安や孤独感にある。何より絆の弱くなった家族の崩壊は、子ども達に不安や不信感を興させる原因になり、社会不安の元凶にもなっている。

いつの時代も、動物的人間から社会的・文化的人間になるためには、大人からの、特に家庭における親からの刺激、訓練（伝承・教育・しつけ）が必要であり、子ども自らの学習がなければならない。しかし、物事をあまり知らない、生活観や価値観の定まらない未熟な子どもに、自主性、主体性、積極性、個性などと言って、なんでもかんでも自分のやりたいようにやらせようとするのは、自信のない親、大人の逃げ口上である。子どもにとっては何でも自由気儘にできるのは都合のよいことであるが、社会的にはよりよい社会人になるための見習い学習の心得をなくすると共に、見本のない生き方に不安を覚える。そうした子どもが成長して利己的な人が多くなると、社会の安定、継続が保てず、やがて内部衰退する。

ところが、日本の戦後のアメリカ的民主教育は、幼稚園や小学一年生から、いきなり子どもたちに自主性、主体性、積極性、個性を欲求し、自己中心の考え方を金科玉条のごとくしてきた。

そこには「社会のために」という大義名分が失われ、他を思いやる利他的心得や公共心は弱く、例え親・兄弟でも信じるな、信じられるのは自分だけという非社会的な不信感を増長させ、個人化を促す独善的・利己的にならざるをえないように仕向ける傾向が強かった。

それは、戦中、戦前の全体主義的な社会観に対する反動と、アメリカを中心とする連合国の敗戦国に対する占領政策で、まず国民をばらばらにして日本国を社会的に弱体化させる意図によるものであった。しかし、それらは戦後二〜三十年も経てば、独立国家としては自主的に改革、改善されるべきことなのだが、日本国は、それこそ社会の全てをアメリカ化することと営利活動することを金科玉条のごとくに考えたのか、日本の独自性を省みずに教育現場は独立心、自立心を失ったままであった。それは、日本人古来の文化的特性でもある、お上からの通達に右へ倣えしやすく、また仲間意識が強くて相手を信じやすく、しかも変わり身は早いが裏切り行為を良しとしない、一度やり始めるとなかなか変化させようとしない、定住農耕民的な風習としての生活文化によるものでもあった。

アメリカ軍総司令官のマッカサーは、そうした日本人の文化的特性を知らず、当時の日本人を「精神年齢十二歳」と称した。そのように蔑称されながらも戦後の日本人は、戦勝国のアメリカを単純に信じて、ひたすら経済活動に邁進した。それは、他民族との戦いの歴史をほとんど経験してこなかった、単一的民族社会の弱さであり、強さでもあることを反面的に象徴する、人類史上にまれな社会的現象でもあった。

二百数十年前の江戸時代を基礎とし、明治時代から半世紀以上も人づくり、国づくりに励んでいた日本人は、大国アメリカに守られる安心感に浸って、長年培ってきた特性でもある信頼社会による団結力、活力そして努力と工夫を生かして経済的発展に邁進し、世界の人々が驚くほど早く、僅か三十年足らずで敗戦によって荒廃した国土を復活させた。その力は、戦中、戦前の教育を受けた日本人によるもので、戦後のアメリカ的民主教育を受けた人たちによるものではなかった。

しかし、昭和五十年代に入って世界の工場地帯となり、経済的にはアメリカに次ぐ大国になっても、戦後の民主教育を受けた新しい日本人はそのまま自立心をなくしてアメリカに守られる立場を、まるで氏神を信奉するかのごとくに守り続けた。そして、六十年以上過ぎた今も持続可能な国家としての独立的な体制が弱く、自分の社会を守る意識の乏しい利己的な社会人を育成する、個人化から始まるアメリカの植民地政策における民主教育を押し通している。そのため、日本国は守られる立場の自由・平等・権利が横行し、持続可能な独立国に必要な自立して守る立場の規則・競争・義務が影をひそめがちである。

②自立心の弱い人々

古代から、社会人としての大人は、子どもたちが自分たちに近づくように仕向け、社会人の基本的能力を伝える努力をしてきた。ところが、文化的・社会的に自信を失なった戦後の日本の大人たちは、社会人にとって大切な礼儀や言葉・道徳心・生活の知恵等を、子どもたちに伝える努力を怠り、子どもたちの自主性、主体性、積極性、個性等のアメリカ的民主主義の言葉に溺れ、社会人としての文化伝承の義務と責任を忘れがちであった。そして、全てを無くした貧しさから抜け出すことを念頭に、物量に勝るアメリカを見習い、物・金銭を中心に考える人が多くなり、社会性や人間性よりもまず食うことと利益追求が優先した。

子どもは、いつの時代にも大人に近づこうとしてまねをし、迷いながら成人して、自分たちの時代性を形成してゆくものだが、戦後の大人は、物質的欲望が強く、社会規範を失なって子どもたち以上に迷い、悩んでいたので、見習う目標になろうとせず、自分たちとは違った社会性、文化性を身につけさせようとした。そのため、戦後一世の昭和二十二年から三十九年頃までに小学校に入学した人たちは、実社会にまだ教育力があったのでよいが、日本が豊かになりかけた東京オリンピック翌年の四十年以後に小学校に入学した人たちは、家庭や実社会に教育力がなくなりかけていたので、よって立つ生活文化を知らされないままに育ち、社会化されることが少なく、自立心を持った社会人になろうとしない人が多くなった。そして、祖父母の世代の戦争責任をまるで外国人のような、特にアメリカ人のような立場で追及し、非難する日本人が多くなった。

大人に見本を求めて近づこうとしなくなった昭和四十年代からの子どもたちは、自由気儘に自己主張し、社会性や人間性を豊かにすることを知らされないまま、物質的欲望の強い利己的な人間に成長して社会に参画した。そうした人々は自立心が弱く、社会的規範よりも利己的な欲望が強く、社会意識が乏しく、守られる立場の自由・平等・権利を主張することが日常化している。そのため、家族の絆や利他的な心情が弱くなり、金権主義者や利己的で幼稚なモンスターペアレント的な人が横行闊歩するようになった。

私たち人間の自立心にとって重要な活力や創造力・忍耐力・判断力・行動力等は、少年期に多くの実行実例を併せ持つことによって培われるもので、受験用の知識の詰め込みによって身につくものではない。

六・七歳から十二・三歳までの少年たちが野外でよく群れ遊ぶのは、心身を一人前の社会人にさせる準備、すなわち自立心を培う見習い学習の機会と場なのである。その機会と場に恵まれないまま言葉や活字、視聴覚機器等で道徳心や生活の知恵、思いやり等の自立心に必要なことを学習することは至難である。何より、少年期の実体験不足は生きる力の弱い守られる立場の人を多くしがちになる。

社会の規範を守る姿勢や道徳心、それに人間関係の持ち方、会話力、言葉使い等は、学問や教育のためにあるのではなく、自立心のある日常生活に必要なことであり、社会的危機管理能力としての基本的な生活文化でもある。

私たちの日常生活における社会的善悪や人間関係は、少年時代に異年齢集団で群れ遊ぶ集団活動によって、様々な体験を通じて見習い学習的に身につくものである。それらを学校で言葉や文字、視聴覚機器等を通じて学習させられても、すぐに忘れてしまい、生活現場では応用、活用し難く、役立てる術が分らないし、具体的には理解し難い。何より、社会生活になくてはならない言葉や道徳心は、生活の現場で見習い的に身に付くものである。

このようなことを少年時代の日常生活で身に付けることができずに、学校で自主的、主体的、積極的、個性的に知識として学習し、まるで王子や王女のように自分中心的な考えを持って成長してきた人が、すでに五十代に差しかかっている。そのような日常的な生活の現場を体験的に知らない人は、たとえ、高校や大学を卒業しても、社会意識が乏しく社会人になりきれない又は社会人になろうとせず、自立心が弱い子どものままでありがちである。

例えば、社会的善としての道徳心を個人の好き嫌いの感情で判断したり、親の義務である家庭における〝しつけ〟を、学校の先生にさせようとしたり、独善的な自己主張だけして他人の言葉に耳を貸そうとしなかったり、会話がうまくできなかったり、協調性が弱かったり、判断力、理解力、応用力の劣っている人のことである。現実に三十代、四十代になってもまだ社会人になろうとしない、又はなれていない自立心の弱い大人が多くなっている今日の日本は、個人化の強い利己主義が蔓延した社会でもある。

第二節　自立心に必要な危機管理能力

① 人は弱く生まれて強くなる動物

私たち人類は、多くの動物の中で最も無力、弱い状態で生まれる。しかも生後十年以上もしないと一人立ちできないので、長い間誰かの保護がないと生き延びられない。その代り、他の多くの動物よりも長命で適応能力や応用力が強く、今では七、八十年から九十年も生き続け、肉体的にも大きくて強健になる。

他の動物の寿命は、例えばネズミは二～三年、タヌキが六～七年、狐が約七年、犬が約十年、チンパンジーは四十～四十五年、象は五十～七十年、イルカが二十～五十年、マッコウクジラが約七十年、ナガスクジラが約百年、最長のシロナガスクジラが約百二十年であるそうなので、百年以上も生きることのできる人間は寿命が長い方である。

他の動物と比較して弱い状態で生まれるというのは、鳥や他の動物のような羽毛や体毛がなく、皮膚だけの丸裸なので、寒さには弱く、誰かによって衣類で覆われないと生命を守ることができない。これは、生まれた直後に誰か親の保護がなければ生き延びられない、無防備な状態である。

それどころか、まず立てない、歩けない、走れない、掴めない、飛べない等、全く行動体力が弱いのである。自ら行動することのできない無力の状態なので、物を取って自力で食べることができない。しかも歯がないので、咀嚼することができない上に、自らが身を守るための牙や強い爪、角等の防衛能力がないし、視力が弱く、言葉を知らないので話すこともできない。

動物の仔の殆んどが生後間もなくか、数週間、数年後には親から離れて自立できるが、人類は、幼少年期の成長が遅いので、約十年もの長い間、親やその他の保護を受けていないと生きのびることができない。しかし、その間に学習能力を発揮して、多くの知識を身に付け、いかなる環境にも適応できるように心身の機能を高め、自立心を向上させる。

その適応能力としてまず上げられるのは、他の動物よりも好奇心の強いことである。好奇心を持つと、そのことを確かめようと行動する。行動には必ず結果があり、それが良かったか悪かったを考える脳における思考力が働き、良ければ更に続けて前に進み、悪ければその理由を考えて反省し、次には失敗しないように工夫したり、訓練をして、より良い結果を得ようとする。

その行動の結果がよかったか、悪かったかを考えて判断し、良かった、より良くなったと判断する力によって納得が得られ、それを他に伝えたり、知らせたりしようとする社会的な使命感を覚えるようになる。そうした行動の後にやってくる知的欲望は、独立するための自立心を高める。

私たち人間は、自分が行動して得た結果に対して納得すると、自分以外の人に伝えたり、知らせたい欲望にかられるが、うまく他人に伝えられると、満足感や幸福感を覚えるものである。しかし、行動しなければ結果が何も得られないので、社会意識が向上せず、不満・不安・不心等が高じて孤立化し易くなる。

私たちは、自分以外の人間との切磋琢磨によって、自立心や適応能力を高め、弱い状態からより強くなろうと努力・工夫し、生活の知恵としての文化を培ってきた。そして、より高い状態の人に近づこうと行動を真似たり、教えを乞うたり、積極的、意欲的な行動をする向上心の強い動物でもある。

人間は生後五・六年もして一人で行動できるようになると、まず仲間と共に群れ遊ぶ集団活動をする。これは何も人間だけではなく動物の大半が、まず集団活動によって切磋琢磨する本能的な習性を持つのである。群れ遊ぶ集団活動によって、自然的危機管理能力である勘を身につけ、外界の変化に適応し、ストレスに耐える防衛能力を培い、仲間意識が高まる。そして仲間を守るための所属意識によって集団化に必要な規則・競争・義務の必要性を認識して、自立心が芽生えるのである。

私たち人間は、少年時代に芽生えるこうした集団欲による活動によって努力・工夫や反省を促して、知的欲望にかられたり、鍛錬をしたり、忍耐力の養成等、積極的・意欲的に学習するようになる。そして、切磋琢磨する集団活動によって心身共に培われ、適応能力の強い状態へと社会的に成長するものである。

人間はこのような学習能力の発達によって自立心を高めながら成長すると共に、競争心が芽生えて自分自身を逞《たくま》しく鍛えて適応能力を高めることのできる、大変向上心の強い愉快な動物である。

しかし、四、五十年前からの日本は、子供たちを守り育てる母親の役目や安心、安全を覚える暖かい家庭よりも、発展するための経済活動を重視して、主婦を始めあらゆる人々を労働者として駆り立て、社会の安定、継続よりも、短絡的に経済的発展と受験用の学力向上を図るため、家庭崩壊や社会的機能の衰退を招き、少年期の子供たちが自立心を向上させ、適応能力を高める機会と場を殺いだまま放置してきた。

②自立心と危機管理能力

私たちは弱い状態で生まれ、生後の見習い体験的学習や努力・工夫によってより強くなる動物であるが、日常生活で絶えず危険な状態や思いがけない困難に出会う。そのような危ない場合に、より安全に素早く対応する知恵、力を〝危機管理能力〟と呼んでいる。

危機管理能力には、自然的、社会的、経済的、防衛的等いろいろあり、一般的には経済的、防衛的な危機管理能力が、個人的、集団的、国家的に論じられているが、ここでは個人的な心の保障としての安心、安全が感じられる、よりよい社会人を育成する社会人準備教育としてのことなので、自然的、社会的危機管理能力とする。

ここでの自然的危機管理能力は、自然と共に生きる私たち人間に必要な自己防衛能力としての〝勘〟のことである。

人間がより良く逞しく生き抜くためには、知識や技術を身につけるよりも先に、まず〝勘〟を身につけておかないと、自分を守ることができないし、他人を守ることもできない。しかし、今日では豊かな科学的文明社会に暮らしているので、その必要性をあまり感じなくなっている。それでもより良く生き抜くために知っておく必要のあることは、勘を身につけることによって、経験知としての〝技〟や〝こつ〟が磨かれると共に、〝応用力〟や〝判断力〟が培われることである。

私たちが日常的に良く使う言葉である勘とは、直感的又は咄嗟に判断する脳の働きのことであるが、言葉や文字、視聴覚機器等によって身につけることはできない。それは、幼少年時代の色々な体験によって原点が培われ、年齢やその後の活動と共に徐々に大きく、そして強く身につくものである。しかし、幼少年時に原点となる基本を身につけていないと、成人してからではなかなか培うことができない。

勘の鈍い人は、いかなる知識や技能を身につけても応用力に欠け、現場においての判断力や行動力が弱く、なかなか上達しない。何より、咄嗟の判断力に欠けるので、失敗しがちで、心身を守れないことが多くなる。

例えば、幼少年時代にいろいろな形で転んだ経験のない人、又は少ない人は、勘としての反射神経が十分に培われていないので、大人になって転んでも、両手をついて顔を守る行動ができ難く、額や鼻、口等を地面にぶつけて傷を負いがちである。幼少年時代に、二人以上で野外でよく遊んでいろいろな体験をして勘を培っていないと、物が飛んできても手で払い除けたり、顔や身体をひょいと除けることができなかったり、川幅一メートル程の小川を跳び越せなかったり、一・五メートルの高さを飛び下りたり、飛び上がったりすることができなかったり、五十センチや一メートル、五メートル、十メートル等の距離感や身体のバランス感覚がなかったりして、咄嗟の機転による行動ができなかったりする。

何はともあれ、少年期に勘を身に付けていなかったら、判断力や応用力に欠けるので現場に対応する能力が弱くなる。そのような人が多くなると、不信感や孤独感が強くなって社会が内部衰退しがちになる。

私たちが日常の社会生活をより上手に、スムーズに営むために必要な知恵としての社会的危機管理能力とは〝道徳心〟のことである。だからここでの道徳心は、社会生活の基本的な心得でもある。

闇とは、光がささず、何も見えない状態のことで、〝一寸先は闇〟〝闇にまぎれる〟〝真相が闇に葬られる〟等と使われている。

古来、人類が最も恐れたのは闇であり〝魔の闇〟とも表現された。光のない世界は、不安と孤独にさいなまれ、安心・安全感がない。その恐怖心が人を謙虚にさせ、他人への思いやりと依頼・協力・協調の心を強く芽生えさせるのである。

私たち人間は、自分にはいかんともし難い闇の世界にこそ、畏まる、慎んだ態度・姿勢になれるので、闇とは人の心に神や仏、道徳心を具現化させる機会と場でもある。

人類は古代から社会生活における様々な体験を経て、まるで闇の恐怖から逃れるために、徐々に文明の利器・灯明を開発・発展させ、闇を征したように、多種多様な人々が集う社会生活の不安や恐怖から逃れるために、長い長い歴史を経て、徐々にお互いの了解事項としての規則や掟、慣例等を定めて、協力、協調し合ってきた。その古くから培われてきた暗黙の了解事項を守って、社会生活を不安・不心・不満にさせない心掛けを〝道徳心〟と呼んでいるのである。だから、道徳心は、学問や教育のためにあるのではなく、日常生活や他と共に行動する現場でより安全、安心を守るために必要な心がけであり、より良く逞しく生きるための心得として存在するものである。

動物としての人間には、今日のような夜も明るい文明社会にどっぷり浸かって驕り高ぶっていても、心の奥底にはまだ闇を恐れる心情があり、物質的に恵まれて豊かな生活をしていても、どこかに飢餓の不安や他人への不心、そして様々な社会現象への不満を消すことができない本質がある。

社会の安定に最も必要な文化遺産は、信頼や協力が得られる言葉や風習、そして道徳心である。人は、闇の世界で不安や孤独にさいなまれるような体験をしない限り、他人の存在を疎ましく思い、社会の必要性を具体的に知ることはできない。自立してよりよく生きるための社会を大前提にすることのできない人に、信頼や協力に必要な道徳心を説いても詮無いことである。

日進月歩の文明社会で、物質的欲望を募らせ、資本主義を邁進する利己的な人々は、畏まる闇の世界よりも、経済的不況を恐れるのだが、彼らの人間性が本質的に変わったのではなく、彼らを取り巻く文明的諸現象が変わっているだけなのだ。ここでの人間性とは、正直・親切心・

忍耐力・信頼感・活力等、個人の特性のことである。

文明の利器は、日常生活をより良く、快適に、便利にするためのものであって、自立心を弱くして人間性を変えたり、失わせたりするためのものではない。そして、公教育の目的は、人々の自立心を高めて社会が安定・継続するに必要なより良い後継者を育成することである。そのためには、社会生活に必要な文化遺産でもある道徳心の共有化を促し、社会性を豊かにさせるよう努力することが重要である。しかし、道徳心の多くが過去からの遺産なので、現場で見習い的に身に付けないと、座学的にはなかなか身に付かない。

何より、勘や道徳心を培っていないと、人間関係がうまく築けず、引きこもりがちになる。そして、会話がうまくできなかったり、利他的な思いやりの心が弱かったりして、人を避けがちになり、ニートや引きこもりと呼ばれるような非社会的な人間になりがちで、自立心を高めることができない。

人は誰でも突然に何か異変が起こると、瞬間的には自分を失って茫然自失するものであるが、より早く正常な自分を取り戻し、適格な判断を下して行動することを〝臨機応変の処置〟と言う。〝臨機応変〟とは、勘によって、その場の状況に応じて速やかに対処する、咄嗟の機転を利かすことである。社会は個々の勘によって安全が保たれているのだが、幼少年時代にいろいろな体験を通じて勘が培われていないと、いざという時に茫然自失する状態が長く続きがちで、他人どころか自分をも守れない。

我々にとって社会的危機管理能力が文化としての道徳心であるならば、自然的危機管理能力は生きる力でもある勘のことである。だから、私たちが冒険的に前向きに生きるということは、こうした危機管理能力を連続的に発揮して対応することなのである。

私たちの知恵や技術、感じる心、生きる力、人間性、社会性等全てが危機管理能力としての勘の働きや道徳心によるものなので、長い人生をより良く逞しく生きるためには、少年時代に野外で様々な集団活動を通じて、自立心を高めておくことが大変重要である。

第三節　社会を支える危機管理能力

①社会のあり方

第二次世界大戦後六十八年も過ぎた日本は、世界有数の経済大国になり、外見的には豊かで安定した素晴らしい国のようだが、内面的には、アメリカによる被植民地時代と憲法や内政のあり方はあまり変わってはいないし、生活文化の混乱で、不安定な状態にある。

今日、憲法の改正がかまびすしく叫ばれているが、独立国として安定、継続するための社会のあり方については、あまり論議されてはいない。

日本国は、統合機関としての天皇が在位する千数百年もの歴史の古い、世界的にあまり例のない珍しい信頼社会であった。建国以来移民によって成り立っている、多民族、多文化社会のアメリカは、法律によって人為的に統制された不信社会である。

戦後の日本は、社会のあらゆることをアメリカ化することに邁進し、日本国独自の社会的あり方をあまり重視してはこなかった。日本の多くの学者はアメリカ的理論を信奉し、それをそのまま日本に適応させることが正しいあり方だと主張しがちで、日本の文化的特徴をより良く発展させる理論を構築するための努力や工夫を怠りがちであった。

世界で唯一とも言えた信頼社会の日本は、今や国際的経済活動によるグローバル化のために、社会のあり方よりも先に、憲法を改正することやバブル経済的な経済力復興に思いをはせているが、私たちにとって大事なことは、お互いに信頼して安心、安全により良く、楽しく生きられることである。

世界の人々が認めている発展した豊かな文明国日本に住む、私たち日本人は、単純にアメリカ化するのではなく、世界に誇れる日本の独自性を生かした、信頼社会としてのより良いあり方を皆で考える時が来ている。

現代の科学、技術はめまぐるしく変化し、発展を遂げているが、人間には変わり難い部分と変わり易い部分がある。大人はこれらの調和を図ることができるが、少年期の子どもにはまだ十分に対応する力はない。少年教育の大きな問題は、科学、技術が作り出す変化の激しい結果的社会現象と、変われない子どもの本質との調和である。大人は子どもたちが調和できるように、知恵や力を貸してやるのが社会的役目である。

私たちは、社会生活においていつの時代にも次の四つのとらえ方で、社会を認識することが必要である。

○変えてはいけないこと
○変わらないであろうこと
○変わるであろうこと
○変えなくてはならないこと

私たちが生きる目的は、より良く逞しく生きることであり、いつ、いかなる時代にも社会生活にとっては変わらない。テレビやインターネット等の文明的諸器具によって生活の仕方は変化するが、文明化や経済活動は生活をより便宜的にする手段であって、生きる目的ではない。

時代の流れと共に変化する合理化や機械化は生きる手段であり、目的化すべきことではないので、いつの時代にも変わらない主体は人間である。

例えば、文章を考え、作る主体は人間であり、それを表現する道具が鉛筆やワープロであり、伝達する方法や手段が本や雑誌や新聞、テレビ、インターネット、コンピューター等であるが、これらの道具は人間の都合によって常に変化するので、主体になるべきものではない。

社会には常に変化する面と変化し難い面があるので、人間中心の社会のあり方を野外文化教育学的に分類すると、変化しやすい発展的（文明的）あり方と、変化し難い安定・継続的（文化的）あり方の二つの型がある。

イ、発展的（文明的）あり方

社会のあり方を変えなくてはならない、変わるであろう立場でとらえることは、人類がこれまでの右肩上がりの文明的発展を促してきた進歩の過程に必要なことであった。明治以後の日本は、先進国といわれた欧米諸国に追いつけ、追い越せの理念に従って文明的に発展的あり方を推進してきた。特に戦後の日本では伝統文化を否定し、アメリカを見本として全てが変化する方向で社会が営まれてきた。そのため、今日の日本人にとっては、全てが変わるであろう発展的あり方が一般的であり、学校教育はその手段にもなっている。

変えなければならないことは技術。例えば携帯電話やパソコン等のＩＴ技術は日進月歩で進化している。そして、変わるであろうことは知識、情報、技術、法律等である。法律は時の権力が決めるもので、社会的な絶対的善とはいえない。

ロ、安定・継続的（文化的）あり方

社会生活に必要なもので、変えてはいけないこと、変わらないであろうことは、社会の安定・

継続になくてはならない文化的あり方で、より多くの人々に共通する心得であり、ごく当たり前のことである。それはまた、道徳心とか習慣、常識等と呼ばれる日常生活の知恵であり、自然と共に生きる社会人の基本的能力（野外文化）を意味することで、社会に共通する生活文化でもある。

このような観点からすると、社会の変わらないであろうことは、生きぬくことと道徳心であり、変えてはいけないことはよりよく生きることと信頼心である。

いつの時代にも、この変わらないであろう社会人の基本的能力（野外文化）を少年たちに伝え、危機管理能力を高めることが地域社会における後継者育成事業の目的であった。しかし、今日のように、あまりにも変化の激しい社会現象の中では本来の目的を忘れがちになって、手段であるはずの限定期間の擬制社会である学校における知識教育だけを目的化し、受験や就職等の身近な目標の学力重視になりがちである。少年たちが教育を受ける学校は九年から長くても十六年間であるが、人生は七十〜九十年も続き、大変長い。しかも、これからどのように国際化をしても日本人の八〜九十％は、日本国内に住み続けるだろう。国際化とは、世界が一つの国になることではなく、独立した各国が連合することなので、日本に住む我々の生活現場でまず必要なのは、自立心を高める危機管理能力や人間力である。

これからの国際化する科学的文明社会に必要なことは、社会化について考える新しい教育観による人づくりとして、社会の安定、継続に必要な危機管理能力を身につけさせる社会人準備教育である。

②危機管理能力の向上

社会にとって最も重要な少年教育、すなわち社会人準備教育にとっては、日常生活に必要な危機管理能力の向上で、その教育方法には変わるための知識、技能教育（文明的）と、変わらないためになす生活文化伝承の社会化教育（文化的）の二つがある。

イ、変わるための教育

社会が右肩上がりに発展するに必要な知識や技術は、日進月歩で常に変化している。私たちは社会の発展を妨げてはいけないので、現代の科学的文明社会に適応する知識や技術を習得するための発展的発想による教育が、社会的危機管理能力を高めるためにもなくてはならない。日本は、明治五（一八七二）年に近代的学校教育制度を導入し、欧米に追いつき追い越すための新しい知識や技術を教育する、変わるための教育を重視してきた。それが学校を中心とする知識偏重教育であり、小中学校においては今も世界一のレベルである。

戦後の日本の学校教育は、社会が発展し、変化するに必要な、変わるための教育が中心であったが、昭和五十年代からは〝生きる力〟とか〝感じる心〟等で表現されるように、変わらないための社会化教育も取り入れられるようになっている。しかし、何より、現代社会でより良く逞しく生きるには、理屈によって学ぶ近代的な知識、技能が必要なことに変わりはない。

ロ、変わらないための教育

社会が安定・継続するために重要な文化は、多くの人々の共有が必要で、なかなか変わらない、変わり難いものである。社会生活を安全に安心して営むためには、社会化に必要な生きる知恵としての文化的教育が必要である。

日本は、鎌倉や室町時代の古くから家庭のしつけや生活体験、地域社会での遊びや自然体験、そして若者組等による祭りや年中行事・奉仕活動等の他にも、「恥」とか「不名誉」、「笑われる」等の言葉を通じて、民俗的な文化教育が世界で最も早くから行われていた。そのためにお互いが生活文化を共有しやすく、天皇を中心とする統合された信頼社会の形成に大いに役立ち、家族の絆が強く、社会的、自然的危機管理能力養成に役立つ社会人準備教育がなされていたので、世界に例がないほど社会が安定し、長く継続してきたのである。

その上、「世間」と呼ばれる社会意識が強く、道徳心が一般化していたので、明治初期に導入されて地域社会に所属していた、変わるための近代的学校教育が世界一充実し、社会の活力と発展を強く促した。何より価値観の類似によって治安がよく保たれ、家族の絆の強い安定した信頼社会が維持されていたので、日本国の発展に大いに役立ってきた。社会的治安の良かった日本は、国民化教育に成功して民度を高め、世界に例がない速さで近代的文明社会になった。しかし、太平洋戦争が終った昭和二十年八月以後は、民主化の名の下に家庭や地域社会の教育力を衰退させ、家族の絆を破壊し、地域社会から学校を独立させる手段としてＰＴＡ制度を導入して、学校中心の教育が始まった。地域社会を無視した学校教育は、アメリカ的な多文化主義が主流となって世界は一つ的な国際化教育を推進して、日本の社会人に必要な、変わらないための生活文化の教育はおざなりになっていた。ところが、物質的には豊かになったが心の支えを失って、不信や不安感の多い社会状況になり、昭和五十年代前半頃から校内暴力やいじめ、非行等の問題が多くなった学校教育でも、社会の安定・継続に必要な、変わらないための社会化教育、すなわち社会人準備教育の重要性が叫ばれ始め、「生きる力」や「感じる心」等危機管理能力の養成がはじまった。

今日の日本は文明的には非常に発展し、物質的には豊かな国になっているが、若い世代にはニートとかフリーターと呼ばれる人が多くなり、しかも不安や不満、不信感等によるストレスから来る心の病気であるうつ病の人も多くなっている。その上、少年たちのいじめや自殺、非行、薬物乱用、引き込もり等が深刻になり、再度大きな社会問題になっている。そして、生活保護を受けている人が二百十四万人（平成二十四年十一月現在）と非常に多くなり、このままでは日本人社会の安定は長く続かないだろうし、不信的社会状況が良くなることはないだろう。

このように国内的には大きな問題を抱えて国政の舵取りが非常に困難になっているが、国際的にも一層複雑化している。

これまでに国境線をあまり意識してこなかった日本は、いまや近隣諸国との領土問題に対応することが必要であり、それ以上に無国籍化したグローバル企業や情報メディアの国際化によって、自立する危機管理能力よりも国際的ビジネスの影響力に席巻されて、統治システムもグローバル化し、日常生活に必要な生活文化の共有が希薄化して、国民的一体感が失われている。

何はともあれ、これからの日本国が安定し、人々が安心して暮らせるためには、他国、特に多文化、多民族の不信社会であるアメリカ社会の現象を物まね的に追随するのではなく、世界一治安の良い信頼社会である日本独自の生活文化の良さを認識し、共有することが重要なので、社会人の基本的能力であり、各自の自立心に必要な危機管理能力の養成と向上を促す、変わらないための社会化教育である社会人準備教育（野外文化教育）を、変わるための学校教育同様に社会全体で取り組むよう努力することが必要なのである。

第三章　逞しく生きる文化観

第一節　異文化の認識

私は昭和三十九（一九六四）年の東京オリンピック大会の年以来、もう四十五年以上も地球上の諸民族を探訪し、いろいろな国の人々に共通して尋ねたことがある。それは、「どんな社会が理想か」「どんな社会を望むか」と言う質問であった。その答えの大半が、「信頼できる社会」「信頼できる仲間がいる社会」であった。

私が期待した返答は、「強くて安定した社会」とか「豊かな社会」、「平和な社会」等であったので、初めは何で、どうして、と拍子抜けするような思いがした。私にとってあまりにも当たり前のことであったので大変不思議に思ったのである。それは、私が自分の社会・日本国や友人、仲間をあまり疑っていなかったし、日本国や故里が崩壊して無くなるなどと考えたこともなかったので、自分の国や仲間を信じることが当たり前のように思っていたからである。

日本以外の大陸の人々は、自分が住んでいる社会・国や仲間を疑っていた。それは、有史以来部族や民族の抗争や侵略戦争等が絶えず勃発し、自分の社会、故里、国がいつまでも続くことや栄えることが信じられなかったし、殺人、略奪、強姦、詐欺等が日常茶飯事であったので、社会や他人が信じられなかったからでもある。何より多民族、多文化、多宗教の社会は異文化、異民族の集合体なので移住や移民の機会も多く、一般的に猜疑心の強い不信社会なのである。その疑いや不安の中から社会を営む知恵や商業習慣が発生していた。だから不信社会の一人一人が個性の強い生き方、考え方を持っており、社会を営む知恵を身につけているので自己防衛的な発想が強く、大変利己的である。

私たち日本人の根底にある文化観は、先祖代々知り合った定住社会で、仲間や社会・世間に対する信頼心から皆同じような、絆の強い同類意識によって社会を営む知恵や商いの習慣が生まれ、お互いに信頼を大切にする風俗、習慣や価値観によるものであった。だから、一人一人の個性や自己主張よりも共通性、協調性の強い生き方、考え方を持っている人が多く、虚飾的で嘘偽りをつく人を嫌った。

ところが、戦後のアメリカ的民主教育は自主性、主体性、積極性、個性を尊び自己主張を重視した。昭和二十二年四月に小学校に入学した私は、信頼的な日本人社会で暮らしながら、学校で習う新しい考えや価値観等に半信半疑で迷いながら成長した。そして、大学を卒業してすぐに日本国を出て、地球上の諸民族の生活文化を踏査し始めたのだが、私の根底にある日本人的文化観と、大学まで進んで学校で教わった知識としてのアメリカ的価値観が交錯して、様々なことの判断にいつも迷った。結局私は日本人なのだと思うしかなく、少年時代に多くの日本人から教えられたことに従って判断するようにしたが、自信はもてなかった。

信頼できる同類的社会に住む人々の風習や価値観は、不信社会で自己主張の強い人々とはかなり違っているが、不信社会に住む人々の理想は、日本人にとってはごく普通の信頼できる社会、信頼できる仲間がいることであった。

こうした信頼社会と不信社会の生き方や考え方の違いはどうして起こったのか、長い間疑問に思いながら世界の諸民族を踏査しているうちに、私たち人間が勝手に作ったものではなく、私たちを取り巻く自然環境に適応するための生活の知恵等の特長によるものだと思うようになった。それは例えば、砂地にすむ蟹が、自分の甲羅に合わせて砂を掘るように、人間は自然環境に合わせた生き方や考え方をする動物で、しかも同類が寄り集まる習性のある文化的動物なのだと思うようになったからである。そして、その自然にあわせた生き方、考え方、価値観等生き抜くための知恵の総体を、民族学や民俗学的に表現する言葉が「生活文化」なのである。

自然環境が異なると言うことは、生き方や考え方などの生活文化が異なるということである。生活文化は、長年の間の自然環境によって知らず知らずのうちに培われたものなので、机上の論理で他と比較しても本当の意味や価値を理解することは難しい。しかし、人の交流によって混合し、類似することがある。例えば、米や麦、根菜類などの食料物資の流通によって食文化の類似性が起こるようなことである。

何はともあれ、民族文化の成り立ちを知るには、生活現場の自然環境を認識する必要がある。

自然環境を知らずして基層文化でもある生活文化を論ずることは、絵に描いた餅の食べ方を論ずるようなことである。

地球上のいろいろな民族の生活文化は、そこに住む人々が長年の間に、自然環境に順応する生活の知恵として培ってきたもので、好き勝手に作ったものではない。人々は自然環境によってよりよく生きるための知恵・文化を培い、同じ文化を共有する人々が集まって民族という集団、社会を育んできた。だから異民族が異文化を培うのではなく、人々の集団が異なった自然環境に順応して生きることによって培われた文化が異なるので、異文化の共有者たちが異民族になるのである。

自然環境の違いが人々に異文化を培わせ、異民族・異郷となるのだが、その異文化は私たちに不安を募らせて、不満を感じさせ、やがて不信感が生じて、ついには幻想を抱かせるようになる。幻想というのは非現実的なことを、夢を見ているかのように思い浮かべることだが、その幻想は不信感や不安感を高じさせて、病的心理や錯覚を起こさせる。

中国の唐時代（紀元八一八～九〇七年）に、乾燥の激しい中央アジアの諸国を経てインドに仏典を求める長年の踏査旅行から帰国した、玄奘三蔵が著した「大唐西域記」を下に、明朝時代（紀元一三六八～一六四四年）に呉承恩が「西遊記」と言う奇怪な冒険物語を著した。その内容は唐時代の僧、玄奘［三蔵法師］が異郷や異民族を訪れる旅の途中、いろいろな魔性に遭って艱苦する有様を読み物風に面白おかしく描写し、百魔を征服して無事に経典を得て帰るという筋書きである。この魔性の元になる珍現象の具体的な表現は、恐らく玄奘三蔵が大自然の中で描いたであろう幻想であり、生活文化の違う異民族の住む異郷で、不安に駆られて起こしたであろう錯覚等を誇大に面白おかしく表現し、冒険的でファンタスティックな夢物語にしたものだと思われる。

人は誰しも不可思議な大自然の中に一人でいると、いろいろな幻想や妄想を抱き、自分の弱さから錯覚を起こす。私も中央アジアの乾燥した厳しい自然環境の国々をこれまでに何度となく旅をし、砂漠や秘境と呼ばれる山岳地帯を歩いたが、想像を絶するような厳しい大自然の中で、風の音や動物の声、雲の動きや物の明暗等によって幻想を抱き、異文化、異民族の異郷で生活を共にしているうちに、何度も不可解な言葉や仕種、笑い等に誘発されて錯覚を起こしたことがある。それに耐える力がないと、ストレスによるいろいろな病気になりがちだ。特に「ノイローゼ」と呼ばれる精神異常の病気になる。ノイローゼは現代病とも言われるが、強弱を問わなければ、古代からあった精神の不安定状態が続く精神異常のことである。

錯覚は事実と異なることを見たり聞いたりすることで、言葉や風習の違う異郷では起こりがちだが、今日の発展した科学的文明社会では、人間不信、社会不安を感じる人々が、この錯覚にさいなまれて「ノイローゼ」と呼ばれる病気になりがちである。昔も今も自然環境の違い・

異文化は、人々を幻想と錯覚の世界に陥れやすいので、落ち着き難く、安心感を持ち難い。特に単一民族的社会に住み慣れた日本人にとっては、異文化、異民族の地では不安が募りがちである。

私は異文化、異民族の多い地球上を歩いて、大自然と現代的な科学的文明社会の有様を見てきたが、自然と共に生きる知恵を忘れた今日の多くの人々は、多情報化による精神的公害によって不信や不安から来る幻想と錯覚の世界に陥って、精神的に病んでいることを知らされた。特に、日本的文化とアメリカ的文化の交錯する今日の日本では、世代間の価値観がかなり違っているし、日本人同士の信頼感が弱まっているので、不信や不安が強く、孤独感にさいなまれやすく、夢物語のようなファンタジーの世界を求めがちになっている。

本来の日本は、「世間」と呼ばれる社会観から、嘘偽りをつかない、騙さない、盗まない等の道徳心があって、絆の強い家族の集合体である地域社会は、同族的な仲間意識の強い信頼社会であったが、今ではそんなことにお構いなしで、家族の絆さえ失われ、騙される方が、盗まれる方が悪い、詐欺的金儲けをして何処が悪いのかと言う具合の不信社会になりかけているので、私にとっては、まるで異文化、異民族社会のようになっている。

しかし、一般的な日本人が気付いていないし、あまり意識もしていない異文化と異民族については、社会のあり方が重要なので、もう少し「信頼できない社会」、「信頼できる社会」の立場から考えてみる必要がある。

南北に長い自然の豊かな日本は、海、山、川に恵まれ、野山は緑に覆われており、季節毎に食材が運ばれてきたり、大地から湧き出るような自然現象が起こるので季節が巡り来るのを待ち、手に入れた物に保存や加工の工夫をする、待ちと工夫の生活文化を培い、定住して村社会を営んできた。そのため、お互いに先祖代々知り合っている、絆の強い家族的な信頼社会を形成しがちであった。しかし今日では、無機物を生産する営利追及の工業化社会になり、金権的な不信社会になりかけているので、生活文化の混乱期になっている。

大陸の乾燥地帯や平原では、草や木や水が乏しく自然環境が厳しいので同じ所に長く定住するのは困難であった。そのため、季節ごとにより豊かな大地を求めて移動するような生活形態になりがちである。動物を飼育する牧畜の民は、遊牧によって家畜と共によりよい条件の大地を求めて広範囲に移動せざるを得ないので、定住して村を営むことはあまりない。しかし、移動の先々で見知らぬ者同士が数週間から数ヶ月の短期間に臨時的に集団生活をすることはある。そこでは、風俗習慣や言葉、価値観などの違いから他人との摩擦が多く、お互いに不信感を募らせ、個々の責任の下に行動するので独立心の強い不信社会になりがちである。

定住する農耕民は何処にでもいるが、大陸では略奪や侵略戦争、部族や民族間の抗争が絶えないので、同じ所に何世代も住み続けることは困難で、やむに止まれず移住することが多く、いつも敵を意識して不安に駆られている。だから、いざと言う時には弱い立場の子どもや老人から犠牲になった。そのため、大陸に住む人々は、少年期の子どもの頃からお互いに本心をなかなか明かさず、虚飾的で自己主張が強く、表面的な明るさと親切心を装いがちである。そうした人間不信から家族的にも地域の社会的にも絆の弱い人間関係になりがちである。

日本では、「親がなくても子は育つ」と言われてきた。これは、定住した信頼社会の互助精神によるもので、社会の継続を信ずる親は、子のため、他人のために犠牲になることを厭わなかった。

しかし、大陸的な移動の多い不信社会では、未来は予測が立たず、現時点での最善の策が重要で、足手纏いになる弱いものから切り捨てられた。イタリアの伝説に「狼に育てられた子供」の逸話があるが、不安定な状態で親が子供の犠牲になることはなかった。そのため、中世のヨーロッパ大陸では戦争が多かったこともあり、子供を守れという「児童憲章」が提唱された。それこそシエークスピアの四大悲劇のような親子や人間相互の不信的葛藤が日常的に起こり得たのである。

ヨーロッパ大陸に暮らす人々の生活様式は、もともとは遊牧型の牧畜業を中心とするので、初対面でも仲間であるかのように明るく対応し、外交的で調子はよいが、基本的には猜疑心の強い利己的な不信社会である。

欧米で考案された法学や経済学では、信頼できない不信社会を「契約社会」と呼んでおり、信頼できる信頼社会を「身分社会」と呼んでいる。しかし、社会とは一体何だろうか。

欧米的な考えでは、「社会とは、人が二人以上集まって共同生活を営む集団的状態」だというが、二人以上集まっても生活文化に共通性がなければ、大陸のように臨時的ならよいが、定住する日本のように永続的な社会にはならない。そこで、日本人的発想による絆の強い社会が永続的に安定・継続するために必要になった生活文化伝承を中心に考える、野外文化教育学的には次のように定義する。

「社会とは、共通性のある個人が信頼によって、又は規約の下に集いあっている状態」

日本的な信頼社会と大陸的な不信社会は、自然環境によってその成り立ちや構成のあり方が基本的に違っている。特に日本は、天皇を中心とする国体が千数百年も続いている。だから、日本人の殆んどが、大八州の日本国がなくなるとは思っていないので、世界の何処の国よりも公共を信じやすく、大義名分を重んじる。

社会には自然発生的なものと、利害、目的等に基づいて人為的に作られたものとがある。自然環境の厳しさによって移住の機会が多い大陸では、土地の占有意識は強いが所有意識は弱く、武力や宗教によって徒党を組んで集団となるので、人の頭数が力、権力の証明になる。しかし、定住農耕民的社会の日本では田畑によって集団を組んで村社会を営んできたので、土地の所有意識が強く、土地の広さが力、権力の証明になってきた。そのため、日本は、世界のどの国よりも不動産である土地の価値を高めて投機の対象にしてきた。

一般的な社会は、二人以上の者が共同生活を営む集団的状態であるが、経済学的には、契約社会が新しい社会だといっている。契約社会は多文化、多民族の世界で、法律、契約、神、お金等によって維持されている。身分社会というのは、経済学的には大変古い社会だといわれており、同じ民族社会で道徳心だとか伝統、風習等によって維持されている。この身分社会というのは、日本のような類似する同一民族的な信頼社会で、親子、師弟、親分子分、年功序列、完全雇用等によって成り立っており、契約社会は、学問的には個人の立場での約束事によって成り立っている社会だと定義している。要するに、市場主義の社会が近代的に発展すると契約社会や不信社会になり、人間はますます孤立していく状態になるのだという。

私たちは、これから自分たちの社会を安定、継続させようとしているが、安全、安心のための信頼社会を望むのか、経済的発展のための不信社会を望むのか、その基本的な姿勢を正さなければ対応の仕方が定まらない。

いずれにしても、学問的に表現されている契約社会とか身分社会という分類は、利己的な不信社会に住む欧米人の経済学的発想によるもので、社会が安定継続して人々が安心、安全に暮らせるための社会学や人間学的な見地から考えたものではない。しかし、人間的に絆の強い日本人社会とは根本的に違う点があるのだが、日本の学問の多くが欧米化しているし、市場主義の経済活動がアメリカ中心にグローバル化しているので、現代の日本では欧米的発想が主流になっている。

例えば、人間の社会的あり方の本質に大きく影響する子育てにおける、乳幼児の運び方一つでも違ってきた。日本では古来背負っていたが、今日ではアメリカ等のように胸に抱いて向き合っている。背負われた子供は親と同じ方向を向き、背のぬくもりを感じながらすべてを親に依存して安心していられるが、胸に抱かれた子供は進行方向とは逆に向いているので、親の顔を見られても不安と不信感が募って安心してはいられない。「三つ子の魂百まで」と言われてきたように、胸に抱かれた子は不信感による独立心を早く持つだろうが、背負われた子よりも親子の絆や信頼感は育ちにくい。

今日、日本はいろいろな面で世界から注目されているが、日本人が認識しなければならないことは、異文化、異民族が同居している多文化国家の、欧米や中国大陸のような不信社会における生活習慣や商慣習と、日本のような同一民族に近い信頼社会における人間的、社会的な価値観や風習等の文化観が、微妙に違っていることである。今日の国際化社会で生きる日本人の多くが、異文化・異民族の認識が弱く、日本的にみな同じように考えがちなので対人関係の判断や、物事の交渉における決断に迷って中途半端になりかちである。しかし、経済活動は別として、人間の生き方や考え方としては、何も欧米人に同調することが正しいとは限らないので、あくまでも日本人としての文化観や価値観による判断力をしっかりもつことである。

何はともあれ、人々がより楽しく暮らすための社会学的には、信頼社会と不信社会のどちらが良いのかはまだはっきりしていない。それに何事にも真面目に、真摯に取り組んできたこれまでの日本人は、各自の自己認識があまりはっきりしないこともあって、不信社会の人々のように自分たちの文化を一方的に主張することはしなかったし、八百万の神々を認めてきたように何事も容認しがちであったので、他国の人々には理解され難い。

しかし、異文化の集合体である多民族的な不信社会に住む多くの人は、何事についても自信あり気に自己主張して気勢を上げるが、実際には不安や不満が強く、信頼できる仲間がいる信頼社会を望んでいる。もしかすると、私たち日本人がそれほど意識せずに築き上げていた絆の強い信頼社会は、大陸の多文化、多民族の不信社会の人々にとっては、理想的な社会のあり方なのかもしれない。

第二節　文化を育む自然

鳥のさえずり、虫の声、川のせせらぎ、波の音、風の音、草木の緑、雨や霧、あらゆる物や現象の中に身を置くと、私たち人間もその一部でしかないことが否応もない事実として認識される。私たちが生きること自体が、宇宙の営み、すなわち自然の営みなのである。自然とは何かを考えることが、人間を中心にした観念なのかもしれないが、確認するためにはやはり私たちの意識による自然観しかない。

「自然」は仏教か儒教と共にやってきた中国大陸からの外来語で、もともとの奈良、平安時代には「じねん」と読まれていたそうである。そして、自然とはおのずからそうなっているさまや、天然のままで人の手の加わらないさまを表現する言葉として一般的に使われていた。

しかし、「自然」という漢字をいつの頃から「しぜん」と読んでいたのかは定かでない。多分、国木田独歩のような自然文学者たちが活躍した明治中期頃からではないかといわれているので、百年程前からのことである。

言語学者の大野晋によると、古い大和言葉には「自然」に該当する言葉は見当たらないとも言われている。

河合雅雄著「子どもと自然」には、「日本人にとっては、自然は人間の対立物でも、ましてや支配する対象でもなかった。空気や水と同じく、人間を取り巻くごく当たり前のもので、それは人間をはるかに超越した不動の存在で、人間を守りこそすれ、人間に守られるものではありえなかった」と記している。

和辻哲郎著「風土」には、「人間は自然とのかかわりにおいて存在し、自然において己を見る」と記している。

古来の日本人の自然観は、山川草木、花鳥風月等と表現され、大変神秘的なものとされてきた。しかもそれに霊が宿り、森羅万象が生き物として私たちとかかわりを持つと思われていた。簡単にいえば、「自然とは、あらゆる物や現象を指す」が、人間もまた自然の一部なのである。だから、日本人にとっては、神、自然、人間の一体感もあり得る。しかし、自然と人間を一体化すると分かり難くいので、ここでは人間を取り巻くあらゆる物や現象、すなわち森羅万象とする。

自然とは、私たち人間を取り巻くあらゆる物や現象を指し、日本では大変神秘的なものとされてきたが、欧米のキリスト教文化圏では、自然は神が創ったもので、合理的、科学的に解明することができるという考え方である。だから、自然とは摩訶不思議な神秘的なものと考えてきた日本人よりも、神が創った自然を人間が支配すべきであると思いがちな欧米人の方に、自然現象を科学的に考える特性がある。

聖地と呼ばれるところは世界中いたるところにある。その聖地に共通していることは、自然環境に恵まれ、そこに佇むことによって、私たち人間の気が晴れ、心地が良くなることである。それは自然と共に生きる人間の素直な心情でもある。それを信仰心と呼ぶか、娯楽と呼ぶかはそれぞれの価値観によるが、あえて観念の世界に押し込んでしまうのではなく、ありのまま認め、自然と共に生きる人間本来のあり方として認識することが必要なのではあるまいか。

自然を科学的に知ることは、学問や技術のためには大事なことだが、生きるためにはそれほど重要なことではない。私たちは物や金銭だけでは決して満たすことができない心の世界を持っている。私たちが心で感じる文化としての幸福、満足、安心感や、ゆとり等を満たしてくれるのは自然そのものである。

これまでは、宗教や思想等と呼ばれる観念によって心が支えられ、満たされると考えがちであったが、その原点は自然観によるものである。しかし、社会を統合する手段として利用され、発展してきた宗教や思想等の観念は膠着化しやすく、社会の発展や変化を阻害し、権力と結びついて壁や境を作り、いろいろな弊害を生じさせてきた。主義思想や宗教等の観念の世界を信じて主張すれば、争いの元になりやすい。しかも観念は、ある社会状況の中で個人又は集団が作り出す、一時的な部分的真理でしかない。

しかし、自然はいかなる環境の自然であっても、私たち人間にとっては、普遍的、絶対的真理で、人によって向き、不向きはない。特に日本人には、摩訶不思議な力を持つ畏まるものであった。その自然が日本人の考え方、生き方、価値観等の文化を育んできたし、神にもなり得た。

地球上の様々な自然環境に順応して生きる人間のあり方の共通理念は、心のよりどころ（保障）を得てより良く、安心、安全に生きることである。自然の一部でしかない人間が、自然に生かされており、自然と共にあるということは、古代も今も、そして未来も変わることのない心のよりどころとしての絶対的真理である。

これからの高度に発展する科学的文明社会では、普遍的真理である自然と共に生きる理念の共通性を、すなをに認め合うことが大切であることを、長年に互って地球上を歩きながら痛切に感じさせられた。

人間にとっては普遍的真理である自然を、具体的に認識する手段として勝手に区分すると、大自然、小自然、そして風土に分けることが出来る。

ここで言う大自然とは、人間の手が加えられていないありのままの自然で、よく知られている天然そのもののことである。小自然とは、人間が手を加えて都合の良い状態に工夫された自然のことである。例えば家は人間にとって都合の良い小自然を作るためのものであり、家の中の空気は小自然である。また、私たちが衣服を身につけるのは、衣服と肌の間に最も快く感じられる小自然（空気）を作るためである。ファッションのために衣服を身につけるのではなく、身の回りに快い小自然を作るためなのである。インドでは上半身裸で生活している人が多いのだが、文明が発展していないから裸なのではなく、裸でも生活できる大自然の環境、空気が肌の周囲にあるからで、もしも雪の降る所に裸でいれば寒さで凍死するだろう。それからしても小自然とは、人間が生きるために都合よく手が加えられた状態のことである。

神が自然を創り、人間がその自然を支配すべきだと考えるキリスト教文化の欧米では、科学的見地が強いので大自然と小自然の二つに分類するだけでも良いと思うが、神、自然、人が一体であるという調和的感覚を持つ日本人にとっては、もう一つの風土が必要である。風土とは、辞書によると、その土地の気候、水質、地質、地形などの総合状態とあるが、ここでは人間の営みとかかわりの深い自然やその現象のこととする。

「風土記」などの古い文献を読むと、自然という言葉がなかった古代には、風土という言葉で自然現象や気候、農耕地等をも表していた。今でいう生活文化をも表現していたようである。多分、自然という言葉が仏教か儒教と共に渡来して、奈良、京都を中心に発展した大陸文化が、日本全土に徐々に浸透することによって、この古い風土という言葉がどんどん虐げられて、自然という新しい言葉に代わっていったものと思われる。しかし、日本人の自然観には、大自然と小自然の他に、この生活習慣をも意味する風土の概念が今もまだ微かにではあるが残っている。それが欧米人とは異なって自然を神と崇めたり、自然と共に生活するという調和的な一体感を培っている。

このような自然とのかかわり方の有様は、自然に順応する日本的文化であれ、自然に相対する欧米的文化であれ、発展する科学的文明社会に対応する人間の生き方、考え方の見本であって、ゴールとしての結果ではない。

いずれにしても、この地球上に住む人類にとっては、生きるための知恵である文化を育ませてくれる自然は絶対的真理で、安心、安全な生活を営み、社会を安定、継続させて心の保障を得るためには、その有様に従わざるを得ない。だから、自然は人間の深層心理に根ざす文化の根底だと言える。特に自然を敬い畏まる日本人にとっては……。

第三節　文化向上のきっかけ

日本は地球上のどこの国よりも豊かな自然である山や川、大地や海に恵まれている。その自然と共に生きてきた私たち日本人の先祖たちは、摩訶不思議な自然のあり様を十分に受け止めて、なんとか折り合いをつけながら生き、生きて、長い長い歴史を積み重ねてきた。

平成二十三（二〇一一）年三月十一日、午後二時四十六分頃、東北地方にある三陸沖の太平洋下で、長さ四百キロ、幅百五十キロに渡って、ユーラシアプレートに潜り込む太平洋プレートによって、地殻破壊の変動が三回も連鎖的に発生し、断層が二十メートルもずれた。そのためマグニチュード九・〇という世界で四番目の巨大地震が発生すると共に、十〜二十メートルもの大津波が発生して沿岸を襲った。

三陸沖で大地震や大津波が発生することは、よく知られていたことであったが、今回の地震や津波の規模は想像を絶するもので、茨城県以北の太平洋沿岸の町々をことごとく破壊し、押し流してしまった。

厳しい自然現象ともなんとか折り合いをつけながら、長年に渡って築き上げた日本人の営みを、僅か数十分で呑み込んだ津波によるゴーゴーたる濁流は、夢・幻のごとく、何もかも跡形をなくし、多くの人命が奪われた。

地震、津波、台風、火山、火事等の災害の多い、災害列島でもある日本の大地で何百、何千年も生き続けてきた先祖たちは、地震や津波となる自然の畏怖的現象を十分に知っていたので、その摩訶不思議な自然と共に生きる知恵を「生活文化」として、子々孫々へ伝えてきたはずであった。しかし、今日の日本人は合理的な科学的文明社会に馴染んで慎みを忘れ、天然の飲み水を無視して加工水に頼ったり、食べ物のありがたさを忘れて食べ放題であったり食べ残しが多く、もったいないことを平気でしたり、自然に挑戦し、それを征服できると思い込んで海をどんどん埋め立てたり、山を切り崩したり、発展と豊かさのために自然物を手前勝手に採取し、人間中心に考えて対応していた。

このたびの地震や津波の被害の現場にいた人たちよりも、私達の多くが、テレビの画面でリアルタイムに、高さ二十メートル近くもの津波が、防波堤を乗り越えて家々や車を呑み込み、田畑を嘗め尽くし、工場や飛行場までに襲い掛かる状況を、これは映画の撮影ではないんだ、事実なのだと自分に言い聞かせながら、震える思いで何度も何度もつぶさに観たことだろう。

〝幾たびも　食べたり寝たり　話したり
　　被災の波に　思い巡らす〟

私は、大津波に襲われるテレビの画面を観ながら、日々平穏に暮らしていることのありがたさを痛感させられた。

突然に襲い掛かってきたことではあるが、この度の人間の叡智を越えたあまりにも甚大な自然災害は、我欲に走り、科学的技術を過信していた現代日本人の肝を冷やし、自然の畏怖を再認識させ、自然現象に対応する知恵や力が弱くなっていることを知らしめるには十分すぎた。しかしもしも、この災害から立ち上がれなかったなら、日本人社会は衰退するのである。

二〇一一年十一月三十日現在、地球上に約七十億人が、百九十三の地域や国に分かれて暮らしていることが報道されたが、日本国もその中の一つである。

これらの国や地域によって自然災害のあり方は異なるが、いずれの国でも発生する地震・雷・火事・津波・火山・台風・竜巻・洪水・乾燥・高温・寒気・生物の異常発生、異常気象等、非日常的な畏怖的自然現象は、人間の心身の安心・安全にとっては害である。

しかし、このような自然災害は、大小にかかわらず万民が共通して体験することで、人類の敵ではなく、生き方や考え方等をいろいろ工夫させてくれ、苦難を乗り越えてよりよい社会を築く知恵を与えてくれる、なくてはならない神・又は仲間のようなものである。だから人々はいかなる災害にも負けることなく、よりよい生活文化向上のきっかけとして今日まで生き続けてきた。

もしも、このような自然災害がなかったなら、人類は驕り高ぶって自滅し、ここまで生き長らえて、生活文化を向上させ、社会的発展を遂げることはできなかったであろう。

いずれにしても、人間はこのような特徴的自然現象に対応して、より安全に、しかも安定・継続するための努力、工夫を重ねて乗り越え、逞《たくま》しく生きる知恵である生活文化を培ってきた。その特徴的な生活文化を共有する人々の集団が民族であり、政治的統合体が国家である。

人間にとっての不可思議な自然現象は、神秘的で畏敬の念にかられ、苦境にあっても天（自然）を恨まず、諦めと許しの覚悟が芽生えるものである。日本では、昔から恐い物は地震・雷・火事・親爺と言われてきたが、〝喉元過ぎれば熱さを忘れる〟がごとく、人間は恐ろしいことや苦しい経験でも、過ぎ去ると忘れてしまうのが普通である。そして、いつの時代も元気に逞しく生き生きてきた。

しかし、人間に恐い物がなくなると自己中心的になる。その上、安全で、平和で、豊かな自由主義社会になると、非社会的で利己的になりがちである。だから今日の日本のような豊かで平和な科学的文明社会では、利己主義や唯物主義が蔓延し、自分勝手で驕り高ぶる人が自然に多くなる。

そのためと言うわけではないが、時々発生する自然災害は、そうした人間に、ひ弱で無力なことを知らしめ、自己を見つめ直す機会と場を与えてくれる。そして、一人ではどうにもならず、謙虚な気持ちでお互いに助け合い、協力し合って困難から脱出しようと努力・工夫させられてきた。

これまでの自然災害は、驕り高ぶる人間を戒め、諭し、畏敬の念を起こさせ、他者と協力し合い、愛し合い、絆を大切にする信頼的共同体でよりよい文化を創る、または文化向上のきっかけとなってきたと言っても過言ではない。

社会の成り立ちは、自然・人・社会的遺産（文化）の三要素によるが、どのような時にも、自然との共生による生活文化を忘れては、安定・継続が保てないことはよく知られていることである。

災害には、人間が起こす戦争や事故等の人災と、自然の異常現象である天災がある。人災には恨みつらみや怒りがついて回り、責任問題が尾を引き、天災には恨みつらみがなく、許しと諦めがある。

人災も天災も、起こってしまったら同じ災害である。いずれにしても社会の動揺が長引いたり、弱者の立場になって感傷的になりすぎて災害に負けてしまえば、民族や社会、国家は衰亡する。

人類はこれまでの長い歴史上、今生きている現実しか考えず利己的な人が多くなって、次の時代のためにも重要な生活文化の伝承を忘れた社会は、いざと言う時の災害に負けて逞しく生き抜くことができず、多くの部族や民族が、古里を追われたり路頭に迷って衰亡してきた。

自然は人間にとって衣食住のすべてであり、神であり、仲間なのである。その自然の戒めである災害のおかげで、私たち人間は賢くなり、平和で豊かな社会を発展させる知恵と力を培ってきた。

だから自然災害は、人々の努力と工夫によってより良い社会への変革と発展のきっかけとすべきものであり、これまでの日本人は逞しくおおらかに、前を向いて歩み、敬意を払って乗り越えてきた。

そのことを忘れて、人災による弱者の立場で単純に助けを乞うようになっては立ち上がれない。頑張れと言われなくても、各自が頑張らないと全体が衰亡する。

私たち人間は、災害に負けないため、普段から常に自然との共生に必要なことを心がけていることが大事である。それは、社会の後継者である少年たちに、日常生活で最も必要な心の保障としての生活文化をしっかり伝え、どんな災害でも乗り越え、前に向かって明るく元気に逞しく生きられるようにしておくことである。

第四節　生活の知恵としての文化

人類は、有史以来巡りめく自然との触れ合いによっていろいろな考えや複雑な感情を身につけ、さまざまな道具を作って生活をより便利にしてきた。そのような人間が自然に様々な手を加えて形成してきた物心両面の成果を「文化」と「文明」という言葉で表現している。

文化と文明という言葉はしばしば混同して使われるし、概念規定が難しく、語源はギリシア語で、英語やドイツ語の翻訳語だとも言われている。そのため日本にはオリジナリティがないかのごとく考えられがちだが、何もヨーロッパ文明の発祥地とされるギリシアだけで発生したものではなく、地球上のどこにでもある自然環境との関わりによって発生するもので、生活をより良くする文化は人間の住んでいる所にはどこにでもあるものと考えた方が分かりやすい。そのように考えるここでは、文献等による座学的な文化を論ずるのではなく、地球上のいかなる生活の現場にも必要な、生きる力であり知恵である生活文化とするので、自然環境に対応してより良く生きる生活の知恵の総体を「文化」とする。しかし、抽象的な言葉である文化は、類似する文明と対比しないと具体的にはなかなか理解し難い。

そこで、日本語としての文化と文明を対比してみるが、ここでいう「文化」をもう少し具体的にすると、あるがままな大自然に順応してより良く生きるための知恵や考え方と感情や生き方であり、「文明」とは、人間に都合のよい環境・小自然を作るための手段や道具とそれらを扱う技術とすることができる。どちらかといえば文化は見えないものを見る力、聞こえない音を聞く力、判断力、応用力のことで、その土地にあるところのもので独自性が強く、文明は必要に応じて作られ、用いられる技術的なもので画一化されやすい。

このように考える文化は、社会人に必要な基本的な行動とその行動の背景にある意識（規範）や価値観なので、社会の構成員に共通した行動や生活様式のことだとも言える。しかも、それぞれの時代の人々によって手を加えられ、改善されながら伝承される歴史的な社会遺産でもある。

例えば日本語に「おつ」と「いき」という人間のあり方を表現する言葉がある。

おつは漢字では「乙」と書くが、似合うとか具合いがよいなどのような内面的な落着きを意味する言葉で、文化的表現になる。

いきは漢字では「粋」と書くが、意気から転じた語で、気持ちや身なりのさっぱりとあかぬけしていて、しかも色気をもっている形（スタイル）や色などのような外面的なはでさを意味する言葉で、文明的表現である。これらも長い間に日本の自然環境によって培われた日本人の感性としての文化である。

社会人である以上社会的あり方を当然備えていなければならないので、いかなる個人も集団的規定なくしては存在し難い。だから意識するかしないかは別として、生まれ落ちた瞬間から死ぬまでずっと、私たちの行動は文化によっていたるところで影響を受け、規定されている。

日本には古くから大変すばらしい諺がある。「季節はめぐり、時刻は流れる」という言葉で、いずれも〝とき〟と読ます。

「季節」は四季をもって巡ってくる「とき」である。しかし、人間が頭の中で考えた「時刻」の概念は巡ってはこないので、ずっと流れたままである。

「時刻」の概念は文化だが、個人個人、または地域や自然環境の変化によって変わってくる。時刻の概念は画一的ではないが、それを画一的に平等に誰にでも分かるような状況にしたものが時計である。私たち人類は、万民共通に時刻・時間を、確認・認識できる道具として、時計を作りだした。この、道具である時計は文明であり、文明の利器である。同じように「とき」と発音しても、巡りくる「季節」は自然である。

少し長くなるが、ここに文化と文明の分かりやすい一つの例をあげる。

私は中央アジアの牧畜民族を踏査するため、昭和四十五（一九七一）年から四十九年までの五年間に四回通い、イランの東北部にあるゴルガン平原に住んでいるアルタイ系牧畜民のトルクメンという民族と共に生活した。普通、平原には起伏があるが、ゴルガン平原はカスピ海の海底が干上がってできたものだそうで、殆んど平らな状態である。

私は、ヨーロッパのドイツから車を運び込んでいたので、平原での足は確保できていた。いつも行く度に平原で牧畜民たちとのんびり過ごした。平原の中に座り込んで話をしていると、時々、牧童たちが、「あ、狼が来た」「ジャッカルがいる」という言葉で私に知らせてくれた。「どこにいる?」と聞いて彼らが指さす方向を見るが、地平線上には何もいない。私が「いないよ」と言っても、「いる」と言う。「いる」「いない」と口論になり、それでは賭けようということになる。彼らがアメ玉を好きなことを知っていたから、「アメ玉を一袋あげる」と言う。その代わり、もしいなければ、「私の言うことは何でも聞く」と言う。

地球は大きな球体だが、車に乗って数百メートルも行くと、かなり向こうまで見通せる。そうすると、彼らが言うとおり、そこにジャッカルがおり、そして狼がいた。

初年度は二百ミリの望遠レンズを持って行き、二年目は三百ミリのものを持って行った。私は民族カメラマンでもあるから、写真を撮るのは得意である。三百ミリの望遠レンズと言う文明の利器の威力を知らせてやろうと思ったが、見えない。おかしいと思い、賭けをするが、また負けてしまう。三年目にはより大きな望遠レンズを持って行ったが、やはり見えない。おかしなことだと思った。

私が世界中を歩いて自慢できるのは、視力が良いことであった。若い頃は二・〇見えていたので、遊牧民にも負けないという自負心があった。だから見えるはずだと思って頑張ったが、見えなかった。三年目に「本当に見えるのか」と聞くと、「見えるよ」と答える。「狼が見えるのか」と聞くと、「狼は見えない」と言う。「では、何が見えるのか」と尋ねると、「狼が立てる土煙が見えるので、いることが分かるのだ」と言う。

そこで、ずいぶん考えさせられた。彼らは、直接目に見えない物、姿の見えない動物を、ちゃんと「いる」と言い当てる。私は「姿が見えないからいない」と言い張った。しかし、よく聞いてみると、ジャッカルや狼が走ると、わずかな土煙をポッポッポと立てる。地球は球体なので数キロ先の地平線上に背の低い小動物は見えないが、土煙が上がるのは見える。その土煙の特徴によって、そこに何がいるかを判断するのだそうだ。

私は、何とか撮影しようとカメラのレンズを次々に拡大したが、目に見えないものは見えない。遠すぎて見えないのであれば別だが、確かに、私の目にも土煙はかすかに見える。しかし、その土煙が何を意味しているのかが分からなかった。ところが、そこで生まれ育った彼らは幼少年の頃から見たり聞いたりして、土煙の特徴によって「あれは狼の立てる土煙だ」、「あれはジャッカルのだ」と分かっていた。だから、狼やジャッカルが見えなくても、土煙の特徴によって的確に言い当てることができた。

ところが、近代的な文明社会で生まれ育った私は、自然現象からの物の見方、聞き方を知らず、狼やジャッカルその物が見えなければいないと言い張った。

現在の文明の利器とは、結局そこにあるものを見ようとして一生懸命眺めるカメラであり、望遠レンズである。技術というのは、それをどういう具合に調整するかの知識だが、私は、そういうどこでも通用する技術や知識に頼って見ようとしていた。だから、文明の利器がないと、変化自在な自然の中では大変ひ弱な存在になりがちで現場に弱かった。

しかし、彼らは、そういうカメラや大きなレンズがなくても、そこに存在する自然現象を的確に見きわめ、それらの存在を認識できた。私は子どもの頃から、「見えないものを見、聞こえない音を聞く力を持て」と、さんざん教えられてきたが、それが一体何を意味していたのか、具体的には分かっていなかった。この直接は見えないジャッカルや狼の存在を知る知恵・力こそ、人間が自然とともに生きるにとって大事な文化なのである。そして、自然の中だけでなく、現代的な社会でも、いろいろな諸現象を見て、さっと見抜ける現場に強い応用力が知恵で、その知恵をより多く持っている人が、基層文化を身につけた本当の文化人なのである。

私たちは現物を見るカメラの扱い方、望遠レンズの扱い方を一生懸命習ってきた文明人なのだが、現場に弱く、見えないものを見る力はつけられていない。今日の日本には、文明人、すなわち座学的な知識人や技術者は多くなっているが、文化人、すなわち知恵者が少なくなっている。日進月歩の文明の利器に頼りがちな文明人は、時間と情報に追われて落ち着く暇がなく、安心・安全を感じることが少なくて、不安と不満が多くなりがちである。今後日本がいかような科学的文明社会になったとしても、やはり日本人は、日本の生活文化によって安心、満足、幸福等を感じる自己認識によって、心の世界が保障されるのである。

いずれにしても、実社会に必要な生活文化は、座学としての理屈によるものではなく、生きる現場で役立つ生活の知恵として体験的に培われるものである。

第五節　文化の二面性

私たちが自然と共に逞しく生きるには、文明よりも文化が大切である。その文化を簡単に表現すると、自然と共に生きる力としての知恵や社会に共通する生活様式のことであり、社会遺産であることはすでに述べた。

私は、世界各国を旅しているうちに、自然を軸にした人類に共通する文化には、社会生活になくてはならない基本的な文化と、なくても生きられる感性的な文化の二面性があることに気づかされた。

まず最初に必要な基本的な文化は、自然に順応して社会生活を営む人々に共有される衣食住、衛生等に関する概念や、言葉、道徳心、挨拶、料理、食べ方、治療、遊び、規範や掟等である。それらは民族や地域によってのあり方は様々だが、必ずある普遍的文化である。

そして、もう一つは、人類に共通してあるけれども、それほど重要ではなく、民族や地域によってその現われ方が異なる文化。例えば、音楽、芸能、文学、工芸、美術、スポーツ等である。それらを感じる心のあり方は、個人的で、民族や地域に関わりなく、人類に共通する感性的な文化である。

私は、世界の諸民族を踏査しつつ青少年教育活動を続けているうちに、前者の基本的な文化を社会の基層をなす〝基層文化〟と表現し、後者の感性的な文化を社会の表層をなす〝表層文化〟として、逞しく生きる社会の後継者を育成するには、基層文化の伝承が重要であり、必要なものであるとした。

文化は、しばしば建築物にたとえられるが、基層文化は家の屋根、柱、壁、窓、床等のような基本的なものであり、表層文化は、畳やカーペット、壁掛け、壁紙、欄間、家具、照明、カーテン等のような装飾的なものである。

また、文化のある部分は社会の全員によって習得されるが、他の部分は選択可能なものから選ばれるものがある。その全員によって習得される文化が基層文化であり、選択による文化が表層文化である。だから、基層文化は表層文化よりも安定度が高く、変化の速度が遅い。

基層文化は、自然現象に順応して生きる人々の集団から受け取る社会遺産なので、自分の属する社会の基層文化を身につけていないと一人前の社会人になることができず、社会生活に支障を来たすことになる。そのため、基層文化は社会に必要なものなので、学校教育が始まる以前の古代から、家庭や地域社会において日常的な集団活動等を通じて見習い体験的に学習したり教えられて、伝承されてきた。

基層文化は古代より、家庭教育や地域社会の教育によって伝えられてきたが、明治五年に始まった近代的学校教育は、産業革命によって発展した欧米に追いつけ、追い越せ式の知識、技能を身につけさせるためのものであり、文化として授業に取り入れられたのは、欧米式の表層文化であった。

今日の日本は、利己的な個人主義社会になり、商業的に利用される表層文化を〝文化〟として重視する傾向が強いが、表層文化によって社会を長く繁栄、安定、継続させることはできない。表層文化は基層文化あってのもので、社会の安定・継続にとって重要なのは基層文化の伝承で、持続可能な社会で安心、安全を感じる心の保障には必要不可欠なものである。しかし、今日の日本では大義名分が薄れて個人的価値観が強くなっているので、文化といえば、表層文化を意味するようになっている。

ここでいう基層文化は、衣食住や安全、衛生等の概念や生活の知恵・言葉・風習・道徳心・心身の鍛錬等で、生活文化のことである。

人類は有史以来自然の厳しさによって、心身ともにより強くなるように育まれた。地震や津波も、台風・洪水・乾燥・暑さ・寒さも自然現象の一つで、いつ何時やってくるか知れないこれらを恐れていては生きられない。だから社会にとって重要な対策は、各自がどんな災害にも対応できる知恵と体力を身につけて、逞しく生き抜けられるようにすることだ。しかし、今日の日本は、守られる立場での対応策に追われて、各自が鍛錬等によってより強く逞しく生き抜けられるような教育政策にはなっていない。それどころか、社会不信的な物ゃ形式が優先し、避難施設や食糧備蓄、規則作りなどのように、守られるひ弱な発想による対応策が主になっている。

我々人類は、多種多様な文化を育んで今日まで生き抜いてきた生命力の強い愉快な動物である。そして、いつの時代にも社会が安定・継続することを願って子どもたちに生活者としての基層文化をしっかり伝える努力を続けてきた。

近代的な教育をする学校は、本来、新しい知識、技能を教えるためにあるのだが、社会が発展し、豊かになった昭和五十年代以降、学校教育は社会的目標を失い、社会の要求に応えるように、〝生きる力〟とか〝感じる心〟等と表現される基層文化をも教える必要に迫られた。そして、政府の命を受けた文部科学省によって、近代的な科学的文明社会に対応する、新しい教育観による教科外活動、すなわち〝体験活動〟による人間教育が始まり、学校週五日制が導入された。しかし、その導入された理由が国民に良く説明されなかったこともあって、学校教育現場は中途半端な放任的状況になり、成果を上げることができなかったばかりか、学力低下の要因にされてしまった。

多くの知恵者がすでに気付いていることであるが、学力低下の本当の要因は、幼少年時代の早くから受験用の知識偏重教育によって、社会人としての基本的能力である生活文化を身に付けていないことによる、人間力の低下によることであった。

社会人にとって大切なのは、個人の感性による表層文化よりも、全ての社会人に共通していることが望まれる基礎力としての基層文化である。表層文化は私的なもので、時代によって評価が変わるが、公的側面の強い基層文化に対する評価は、時代によってもあまり変わることはなく、自然とともに生きていくために必要な基本的能力（野外文化）であり、心の保障を得るに必要な生活文化のことでもある。

三、四十年前までの私たち日本人が、幼少年時代に家庭や地域社会で体験してきたいろいろな遊びや冠婚葬祭、年中行事、生活体験、自然との関わり等の集団活動は、この基層文化を培う手段であった。それは今に始まったことではなく、古代から人類の社会に必然的にあった。その日常的な群れ遊ぶ活動や生活体験等によって身につけていたことを、これからの少年教育に応用する作為的な〝体験活動〟によって行なう社会人準備教育を、私は「野外文化教育」と呼んでいる。

ここでいう野外文化教育は、科学的文明社会に対応するために必要になってきた、新しい教育観による少年教育の方法で、野外での実体験を通じて、生きる意欲や喜び、生活の知恵や情操等の基層文化としての生活文化を習得させ、知的欲望と体力養成を同時に満たす機会と場を与えることである。

第六節　文化としての心

私たちは、〝心〟という抽象的で分りにくい言葉をよく使うが、一般的には自分を取り巻くあらゆる物に対応する心理作用のことである。具体的には、物事をどう考え、どう感じるか、意思をどう持つか等、感情の総合的作用でもある。その心の大切な要素は、信頼（安心・幸福・満足）、愛（大切・好き）、価値観（善悪）、情緒（喜怒哀楽）、情操（感動）等である。

信頼は、誰かが側にいると安心、幸福、満足な気持ちになれることやそうした感情を持つことであり、愛は大変複雑で分りにくいのだが、誰かと一緒にいたい、誰かの側にいると大変楽しいという平和な気持ちであり、誰かを大切に思う気持ちである。

このように考えると、私たちが感じる本当の〝平和〟とは、単に戦争がない状態ではなく、思いをめぐらし、考えて判断（納得）する自己認識（精神的活動）による信頼や愛の心情なのである。

これまでには誰もが通過してきた少年期に、群れ遊び等の集団活動を通じて誰かと一緒にいたい、誰かの傍にいると大変楽しいとか、誰かを大切に思う等の気持ちや、誰かが傍にいると安心、幸福、満足な気持ち等の絆を培っていないと、大人になってから他人を本当に信じて愛する心情を育むことは困難で、特に異性に対する信頼や愛情の持ち方が分らず、人間関係に戸惑いがちになるのである。

価値観は、物事の善し悪しのことで、人の生き方、考え方、感じ方のことであり、情緒は、喜怒哀楽の感情のことである。情操は、感動する気持ちで、「あの人は素晴らしい！」、「夕焼けが美しい！」、「この絵が大好きだ！」等と思える気持ちや憧れであることは、すでに記した。

私たちは、少年時代の群れ遊ぶ集団的な活動や生活体験、自然体験等によって起こる、このような心理的作用によって文化としての心の原点が培われ、成長と共に日本人的感情の絆が大きく育まれるのである。

だから、〝心〟というのは、生き方、あり方、考え方、感じ方等、感情の総合体であり、心によって価値観や情緒の喜怒哀楽や情操などの意識が芽生え、社会的な文化観が徐々に培われるのである。

私たちが長い人生をより良く逞しく生きるためには、文学や芸術等の表層文化との関わりよりも、年齢と共に関心が強くなる自然との関わり方を知る心得としての基層文化、すなわち生活文化が必要になってくる。人間が自然とともに生きるに必要な生活文化は、青少年期には関心が弱いが、壮年期以上の大人としては日常生活に必要な〝当り前の心得〟であり、ゆとりであり、心のよりどころでもある。だから青少年期に少しでも生活文化を習得する機会に恵まれることが必要なのである。その生活文化を身に付ける方法の一つとして、自然とのコミュニケーションがある。

日常生活で目の前にある樹木の特徴がわかり、名前までわかると、自然の変化に敏感になる。それは、一本の木、一枚の葉、一個の花や果実の形や色や大小の特質が、変化のある自然の美しさを見せてくれるからである。

冬のかたい包芽、晩冬の桃色にふくらんだ芽、早春の萌える黄緑の小さな若葉、春のみずみずしい緑の葉、夏の強い日差しに映える濃い緑色の葉、秋の夕日に燃えるように色づいた葉、ヒラヒラと一枚ずつ舞いおりる葉、大地一面に織りなした落葉……。一年の変化を眺めているうちに、美の心を教えてくれ、無情を知らせてくれ、時の流れを感じさせてくれる。

〝一葉落ちて天下の秋を知る〟

このような諺があるが、一枚の葉の変化が、時の流れ、美や季節、詩情や旋律の世界をも伝えてくれるのである。

巡りめく自然の美に練られた感性は、リズムを奏で、詩情をかきたて、絵心を培い、侘びと寂びの境地まで開いて見せてくれ、驚きと感動のドラマを演出して、控えめな態度まで身に付けさせてくれる。

これまでの日本人が控えめで繊細であったのは、日本の自然が繊細で変化に富んでいたからである。日本の複雑な自然は、日本人にさまざまな感情を練らせ、複雑で繊細な文化観を培わせてきた。この豊かな感性が万葉の時代から和歌を詠み、近世になって俳句を詠ませた。そして、美術工芸品の模様や衣類の紋様、水墨画の世界へと進み、大小の線によって自然を具現化する、澄みきった美意識の世界やそれらを表現する繊細な言葉をも創造してきた。

豊かな自然環境においてもちょっとした心得として、自分よりも長い生命をもつ一本の樹木を仲間にしておくと、長い人生の友となり、一年三百六十五日、いつでも好きなときに語りかける心のよりどころにすることができる。

庭の木、校庭の木、公園の木、道沿いの木、川沿いの木、分かれ道の木、どんな木でもよい。よき友とすれば、素晴らしい生涯の楽しみとなり、いついかなる時にも慰みや励まし、そして話し相手となり、日常生活における心の保障になり得る。

木の名前がわからなければ、図鑑をめくりながら考えればよい。そして、誰かと頭を突き合わせて、「これかな?」「こっちかな?」と長い間話し合えばよい。木と対面することによって、自然なる知恵者の声を聞くことができれば、大人も子どもも皆元気になる。

地球上のいかなる人間も植物を通じて行う自然とのコミュニケーションによって、自分を晒け出し、他人の心までも読めるし、いつの間にか心地よい安心、安全な気持ちになれる。

このような自然とのコミュニケーションのあり方を、〝グリーンアドベンチャー〟という名称で提唱し、生活文化伝承のあり方としている。

自然とのコミュニケーションも大事だが、私たちが日常生活をより良く生きるために認識する必要があるものとして、自然環境と社会環境の二つがある。

自然環境は、私たちに倫理、すなわち安らかな心やしなやかさを与えてくれ、衣食住に関する採集や経過、共生の知恵を教えてくれたり緑色の文化を伝えてくれる。

社会環境は、私たちに論理、すなわち様々な形や逞しさを与えてくれ、衣食住に関する開拓や開発、征服の知識を教えてくれたり複雑な色彩の文明を伝えてくれる。

私たちは、日常生活で否応なく社会環境を目にし、絶えず刺激を与えられているが、空気や水、草、木等のようにありふれている自然環境は、意識しないことには感じにくい。しかし、私たちの心がけによって社会環境を変えることは可能だが、心を育んでくれる自然環境を大きく変えることはできない。

今日、地球規模で問題になっているフロンガスによるオゾン層破壊、地球の温暖化、酸性雨、熱帯雨林の乱伐などは、私たちの心がつくり出した社会環境としての公害である。これは、工業化を中心とする科学、技術の発展の結果としてつくり出された地球的規模の公害であり、その対応策として環境行政が活発な啓発活動をせざるを得なくなっている。

これら社会環境の多くが、私たちの心のあり方によってつくり出された科学的文明社会の結果的公害現象なで、環境行政は、科学的対処をすればよいのだが、文化としての心を培う教育行政は、自然環境への対応のあり方、自然とともに生きる心得など、しなやかな倫理を習得できる機会と場を作る必要がある。

これからの人づくりに大切なことは、文化としての心を育む自然環境教育であり、心豊かな人が多くなれば、社会環境は自ら改善されていく。古代からの日本人の人づくりは、まさしく、自然と共に生きる生活文化を伝える自然環境教育であったが、今日では、そのことを忘れがちで、環境行政的な形を中心とする社会環境についての公害教育的になっている。

これからの自然環境教育で必要なことは、私たちが自然と共生していくためにはどういう形で自然を利用し、どういう形で次の世代に存続させていくかの理論と具体的な方法を想像し、創造することである。

自然とともに生きる心のあり方として「ゆとり」が重要であるが、ゆとりは、金銭や物が豊富にあっても、知識や技術が身についていてもなかなか生まれてくるものではない。それ等がない状態では、金銭や物があれば、知識や技術が身についていればゆとりが生じるだろうと思いがちだが、いったんそれを手にしても、それによってゆとりが生まれてくるものではない。少々は生まれてくるが、もっと基本的なものは、自然とのかかわり方において、私たちが物事をいろいろ感じ、行動し、思考し、判断し、納得し、社会的使命を感じて工夫するような精神的活動による、心理的経過がなければゆとりは生まれてこない。

私は、地球上の多くの国の有様を見るために、この半世紀近くも人一倍の冒険的な行動をしてきた。そして、その行動の後にいろいろなことを知りたいという知的欲望が湧いてきた。なんでもかんでも無性に物事を知りたくなり、本が読みたくなり、人の話を聞きたくなって次から次に欲望が湧き、行動をすればするほど知的欲望に駆られた。それは、他人からの命令や指示でも義務でもなく、自己認識による内なる心理作用によってふつふつと湧き上がってくる意欲であり快感であった。

その行動の後に来る知的欲望を満たすことを、何度も何度も繰り返しているうちに納得し、和みを覚え、他の人に伝えよう、社会に尽くそうと思うようになって、徐々にゆとりを感じるようになり、心のよりどころのような安心感や幸福感が得られるようになった。

私は、これまでに様々な民族を踏査し、冒険的行動と思考の世界を何度も繰り返してきたが、その経過と結果が、様々な知恵としての文化観を育み、精神的活動にゆとりをもたらせてくれるようになったのだと思っている。このような点からも、やはり好奇心をもって行動し・思考・判断、そして納得し、社会的使命を感じる経過の積み重ねが、ゆとりをうみだす最大の知恵・方法であるにちがいない。

国際化が一層進むであろうこれからの科学的文明社会においても、自然と共に生きる生活の知恵「生活文化」こそが、ゆとりある心を育むことであり、文化としての心が芽生え、安心・安全な〝心の保障〟にとって最も重要であり、必要なことなのである。

このように考えると、より良く逞しく生きようとする文化観による生活文化を確認するには、日本人自身による自分を正当に認識する自己認識が必要である。

第四章　日本人としての自己認識

第一節　日本国と日本人

①日本人としてのあり方

この地球上に七十億人も住んでいる人類は、残念なことに、集団生活を営みながら自己を主張して他を否定したり、抹殺すると言う残酷を窮める本質がある。しかしもう一方では、集団の中でより良く逞《たくま》しく生きたいと言う願望があり、個に徹するのではなく、孤独を癒すために言葉を話しかける特定の相手を求め、思考と言う精神活動によって、お互いに認め合い、許しあえる寛容さも併せ持っている。

私たちは、好むと好まざるとにかかわりなく集団的規約を受けて生活しているので、集団と個、個と個が対立すれば安心、安全な生活は望めない。だから一般的には、残酷極まりない人間的本質を抑えて、集団が分裂しないように様々な規約を作り、個が勝手放題にはできないようになっている。その集団を崩壊から守るには、個々に多少の犠牲があってもあらゆる知恵を出し、あらゆる努力を惜しまず、お互いを認め合って生きてゆくしかないのである。

私たち日本人の社会的存在価値は、一人一人が個人的存在を主張するのではなく、個々がお互いを尊重し合い、心配りをして認め合う絆を重視することであった。そして、精神生活は年功序列的な縦社会において、〝恥〟と言う不名誉なことにならないように心がけていた。世界広しと言えども私の知る限り、最も家族の絆の強い、人間愛に富んだ信頼社会であったとも言える。

様々な人が集う社会には集団と個の対立や個と個の対決はあるが、私たちが日本人としてより良く生きてゆくためには、個々が様々な精神的試練に耐え、お互いを認めて信頼し合うことである。

そのためには、私たちの先祖が、この日本の大地で血の滲むような試行錯誤によって獲得した、より良い生活の知恵としての生活文化を、これからの科学的文明社会に対応する心の糧にするのは、決して無駄なことではない。

日本人としての自分を正当に認識する自己認識にとって大事なのは、やはり日本人のあり方としての生活文化を知ることである。日本国の成り立ちや日本についての概要を知ることも必要だが、何よりも私達の日常生活における安心感に必要な心のよりどころの本質を知ることである。

これからの国際化する社会に対応する知識や技術は、一層発展する情報文明によって、否応も無く身近にあふれるので自然に身に付けられるだろうが、日本人として安心、安全な日常生活を過ごすための生活文化については、自己の努力によってしか身に付けることはできない。しかし、多くの人がそのことに気付かずに、文明社会の情報化に対応することに追われて余裕のない孤独な生活になり、精神的な不安と不満が多くなりがちである。

私たちは、自然環境に順応して生きてきた先祖たちの知恵を、知れば知るほど心が豊かになり、安心な気持ちになれるが、知らなければより良く逞しく生きるために役立てられず、心のよりどころを失って不安な日々を過ごすことになる。

これからの日本人が、日本人社会でどのように対処してゆくのか、ますます激しさを増す経済競争の渦巻く国際社会で日本人としてどのように対処し、振舞って行くのか、私たちにとって不確実なことが一層多くなるだろうが、各個人が自信を持って行動してゆくには、生活文化を基盤にした日本人としてのあり方を自覚するしかあるまい。

日本人としてのあり方は、まずは日本人社会での生き甲斐である。それは、日本人としての集団的生き甲斐でもあるが、何よりも大事なのは個人の生き甲斐であり、個人の自己認識による人間的あり方であり生き方である。

その日本人としてのあり方を具体的にすると、自分は子供をこのように育てたいと言う育児観、自分はこのように教育していきたいと言う教育観、自分はこのように社会に貢献してゆきたいと言う社会観、自分は社会にこのように対応したいと言う処世観、自分は日本人としてこのように振舞いたいと言う人生観等である。

私たち日本人の喜びや悲しみは、物質的な面よりも他の人々との絆や信頼、協力、協調等の心の面によることのほうが強い。その基本的な価値観は、かつての日本の主産業であった稲作農業を中心とする生活文化によるものである。

自分を正当に認識する日本人としての自己認識は、長い長い歴史上に先祖たちが培ってきた稲作文化を中心とする、日本国の簡単な成り立ちと日本人のあり方から探求してみようと思う。

② 日本国の成り立ち

東京オリンピックが開催された一九六四（昭和三九）年以来、世界一四二の国と地域を踏査し、いろいろな事故や事件、紛争などに遭遇してきたが、そのたびに自分の国、日本について考えさせられ、日本に生まれ育ち、日本国民であることを意識させられた。

外国の地を知らずに、日本で暮らしているときは、日本語も、日本国も、日本人についても意識することなく、あまり関心もなかったので、殆んど何も知らないままであった。

ところが、一度日本を出ると、宿泊するにも、乗り物に乗るにも、何かを申請するにも、国境を越すにも身分証明証――自分の国籍や名前、年齢、居住地などを証明するものである日本国旅券――がなくては一歩も前に進むことが出来なかったし、安心、安全が感じられなかった。だから否応なく自分が日本人であり、日本国の住民であることを意識させられた。

その度に、私がなぜ日本人なのか、日本とはどんな国なのか等について考えさせられたので、日本人の文化的、民族的源流を探るため、アジア各国を全て探訪したが、具体的にはよく分からなかった。しかし分からないなりに考える時間がもう四〇年以上も過ぎ去った。いろいろな人の話を聞いたり、本を読んだりしたが、未だにぼんやりとしか分からないが、多くの民族を踏査しているうちに私なりの日本国を感じるようになった。

「日本国」については民族的、歴史的、政治的、経済的な学問分野から多くの学者が様々な本を出版されているし、何もいまさら語る必要はないのだが、地球上を歩いて各国の事情と比較しながら、教育人類学的な推察を交えて、社会の後継者を育成する青少年教育の立場から考えた、天皇を中心とする私見による日本国の成り立ちを簡単に述べてみたい。

といっても、日本人にとって日本国の成り立ちは大きな課題であり、歴史的見地の違いもあるので、私が自分勝手に読み物風に書けることではないのだが、世界中を探訪した一日本人の思い入れだとご理解いただきたい。

日本国の特徴のひとつは、なんといっても奈良、平安時代の千年以上も昔から「天皇」という社会統制機関が存在し続けていることである。ここで言う天皇は、政治的権力者としての立場ではなく、日本古来の民間信仰である天照大神への尊崇を中心とする、神道を信じる日本人に、安心感を覚えさせるような民族的象徴のような存在である。

神道は、古来の民間信仰が外来の仏教や儒教の影響を受けて成立した、日本固有の民俗信仰である。神道における天照大神は、皇室の祖神で日の神と仰がれ、伊勢神宮の御神体であり日本民族崇敬の中心とされてきた。だから、神道における天皇としての人間は亡くなるが、機関としての天皇は遺伝子のように継続するのである。地球上に、同系の王又は皇帝や司祭者のいる民族国家で、千年以上も続いているのは天皇のいる日本しかない。

天皇については多くの方々がご承知なので、ここで何も説明する必要はないが、継続機関としての天皇に即位するために欠かすことの出来ない「大嘗祭」については少し説明しないと、今日の日本国の成り立ちや天皇と日本人の絆が分からないだろう。そこで、ここでは大嘗祭を通じて日本国の成り立ちについて簡単に述べるのである。

「大嘗祭」は、天皇が即位後、初めて行う新嘗祭――新穀（米）を食べる祭り――のことで、大嘗祭をして初めて天皇として認められる大変重要な儀式である。広辞苑によると次のように記述している。

「大嘗祭は、その年の新穀を以て自ら天照大神および天神・地祇を祭る大礼で、神事の最大のもの。祭場を二ヶ所に設け、東（左）を悠紀、西（右）を主基といい、神饌の穀は、あらかじめ悠紀と主基とに卜定せられた国郡から奉らせ、当日、天皇は先ず悠紀殿、主基殿で、神事を行う。これをおおなめまつりとも言う」

ここで注目しなければならないのは、大嘗祭のために、あらかじめ吉凶を占って選ばれた水田、東の悠紀の田圃と、西の主基の田圃で神饌のための穀物、稲を栽培させて、米を奉納させたことである。これからしても、天皇は古代から種籾を保持し、食糧を司る社会の権威者であり、単なる権力者ではなかった。その名残で、今も毎年春に稲を植え、秋に刈り取って種籾を保存している。だから、日本がいかなる災害を受けて、日本中に稲がなくなったとしても、天皇が種籾を保持していると言う信頼を失えば、天皇はもう存続しなくなるのである。

新しい天皇が即位するためになすべき大嘗祭に、古代日本の中心地であった奈良や京都から東の悠紀田、西の主基田で稲を作らせ、米を必ず奉納させたのだが、その米を奉納した地域は天皇とは家族関係というよりも、天皇の子、赤子、氏子となることが暗黙のうちに了承されていた。ということは、新しい天皇が即位するたびに、日本列島の東と西に一つずつ天皇の子、赤子、氏子となる地域の人々が増えていったことになる。

大嘗祭が始まったのは、紀元六七三年に即位した第四十代の天武天皇の時代で、その次の第四十一代の持統天皇によって確立されたという。その後第百三代の後土御門天皇時代の一四六七年に「応仁の乱」が起こって途絶え、第百十二代の霊元天皇で復活したとされている。しかし、第百十四代の東山天皇の時代から武士階級の胎動によってうやむやになったときもあったようだが、とにかくこれまでに数多くの天皇が即位して大嘗祭が行われてきた。一般的な歴史観では、大嘗祭をしなかった天皇は、第八十五代の仲恭天皇一人だけとされている。それは「承久の変」と呼ばれる政変があり、わずか二か月で退位したためとされている。

平成の今上陛下は第百二十五代目なので、八十数代もの天皇が大嘗祭をしたことになる。そのたびに東西の二箇所から米が奉納されたので、単純に計算しても百五十カ所以上の地域が、天皇の子供、氏子になっていることになる。ということは、日本国のほぼ全域が悠紀田や主基田という稲作農耕を通じて大和朝廷としての天皇とつながりが出来、形式的には絆の強い一つの家族のようになっていたことになるので、日本民族の文化的原点は、稲作文化による神道であるとも言える。それにしても、どんな知恵者が考案したのか、大嘗祭は世界に例の無い、民族統合に必要な悠久の戦略的制度である。

奈良、平安の時代から続いた天皇を中心とした大和朝廷という国家の上に、一三九二年から始まる室町時代になって武士階級が徐々に胎動し、やがて武力による政治権力としての将軍が権力の座に着いた。そうなると天皇は氏子代表の権威的な存在となり、大和の国は権威と権力の二重構造的な社会が成り立った。

武士たちが群雄割拠した戦国時代を経た日本の大地は、徳川幕府によってほぼ統一され、二百数十年間にわたって行なわれた大名たちの領地代えや、江戸を中心とする参勤交代等の制度によって、風俗習慣や言葉、道徳心、衣食住等の生活文化が四方八方に波及しあって類似するようになり、徳川家による幕藩体制という近世の日本社会の仕組みが出来、文化的に統合されるきっかけとなった。

約二百六十年続いた江戸時代の末期に、〝黒船来る〟という外国からの影響力によって幕藩体制が衰えてくると、外様の雄藩の胎動が起こった。中でも徳川幕府成立以前から続いていた長州と薩摩の二藩が立ち上がった。

長州と薩摩は互いに牽制し合っていたが、どちらも天皇を中心とする攘夷派で、倒幕思想は類似していた。そんなこともあって、長州藩の桂小五郎と薩摩藩の西郷隆盛が、土佐藩を脱藩した坂本竜馬の計らいで手を結び、連合して倒幕することになった。

しかし、この三人が考えていた未来象は違っていた。江戸時代初めに藩主が入れ代わって上士と下士に分かれていた土佐藩で、下士として冷や飯を食わされて反骨精神の旺盛な坂本竜馬は、藩や武士もない日本の統合を考えていた。自藩が弱体化した桂小五郎は、自藩の立て直しと勢力の拡大を考えていた。そして、最有力藩である薩摩の西郷隆盛は、日本を薩摩化しようと考えていたようである。

坂本竜馬は倒幕に成功することを知ってはいたようだが、明治維新直前に何処かの誰かに暗殺された。そして、一八六七年十一月九日に大政奉還がなされ、徳川第十五代将軍は政権を朝廷に返上した。明治維新以後、版籍奉還、廃藩置県等によって、日本は東京を首都とする中央集権国家となり、坂本竜馬が考えていたような武士のいない、天皇を中心とする立憲君主国になって、領土的には北海道や沖縄を含めた統一国家「日本国」が誕生した。

　私がここで言わんとする日本国とは、明治以後の日本のことで、まだ一四〇年ほどしか経っていない。その日本国は、欧米先進国に追いつけ負い越せの大号令の下、富国強兵に走り、近代的な学校教育を発展充実させて人材を育成し、殖産興業を発展させて大躍進をして、欧米に習って植民地政策までも実行した。

　半世紀足らずで欧米先進国に肩を並べるようになった日本国は、大国ロシアとの極東戦争で勝利し、その勢いを買って突き進み、第二次世界大戦に参入した。ところが、発展するに必要なエネルギー確保のために止むおえず始めたと言われる、アメリカを中心とする連合国との太平洋戦争に一九四五年八月に破れ、全てを失った。そして、アメリカの支配の下、天皇は日本国の権威の象徴となり、主権在民の民主主義を推進する国となった。その後、一九五二年にアメリカのサンフランシスコで結ばれた講和条約によって、本当の意味での近代的な独立国家日本が誕生したのだが、国の根幹をなす憲法や教育基本法は、被植民地時代と基本的には今もまだ変わらないままである。

　アメリカ合衆国の庇護の下、日本は明治以降の「人づくり」が功を奏して、敗戦の痛手を気力と団結力で乗り越えて経済活動に邁進し、三十数年後にはアメリカに次ぐ経済大国となった。

人類史に例がないほど画一的に発展してきた新しい日本国は、誕生以来すでに六十年以上も過ぎ去った。そして今日の日本は、家族の絆は失われ、人間愛の強い信頼社会は崩壊し、金権主義が蔓延してアメリカ的な不信社会になりかけている。

悠久の昔から存続するわが国が、地球上のいかなる国とも違っている点は、支配者や権力者、はたまた首相が代わっても、天皇の存在によってぶれることなく、中央集権的な統治機関が存続してきたことである。その国体の継続による公に対する信頼感が、日本人に信頼社会を維持させる大きな要因であった。

私たちは今、北海道から沖縄までの広い領土に恵まれた国、世界に例のないほど豊かで平和な日常生活を営むことの出来る、万世一系と言われる天皇のいる長い歴史を持った、自由・平等な国民国家、日本国に住んでいる。しかし、その日本国は、持続可能な社会に必要な守る意識の弱い、守られる立場を主張する主体性のない工業立国である。

③ 日本民族と日本人

日本は周囲を海に囲まれた島国なので、古代から日本列島以外の他民族との交流が限られ、世界にも例が無いような特殊な環境であったので、たまたま国民としての日本人と日本民族が重なっている。だから日本国は、日本語を話す日本民族が日本人であり、日本国民である、世界にあまり例のない単一民族的国家である。

「民族」と言う言葉はよく使われる。例えば、「民族意識」、「民族運動」、「民族主義」、「民族国家」、「民族料理」、「民族音楽」、「民族資本」、「民族史」、「民族学」、等と、枚挙に暇がない。よく使われる用語なのだが、時と場合によって少々意味合いが違い、非常にあいまいで流動的なので、定義して決め付けることはなかなか出来ない。

しかし、言葉には共通した意味がないとお互いに理解しあうことが困難である。そこで、ここでは、広辞苑に記されていることを参考にして、「民族」を次のように解釈する。

〝民族とは、言葉や宗教、その他風俗習慣などの伝統的な文化を共有し、同族意識をもつ人々の集団〟

民族の概念は、文化的特長である言葉や宗教、風習等、生活文化の類似や共通性が重要な要素で、白人、黒人、黄色人等のような生物学的特長である「人種」の概念よりも分りやすい。しかし、今日の世界主義者によると民族の概念や意識はもう必要ないといわれる。だが、私が地球上を歩いて多くの人にあって感じたことは、人類がそれぞれの場所で安全に生活してゆくためには、民族的意識は必要で、自らを知ることによって他民族を理解する根拠とすれば、お互いに理解しやすいのだと思われる。

日本人は、「国際化」を各国の類似化、統一化と思いがちだが、独立した各国が仲良く集い合うことなので、独自性を失っては国際化ではない。

民族と類似する言葉に「部族」がある。部族は伝統的な文化を共有し、一定の地域内に住んで同族意識を持つ集団のこととされているので、民族よりも小さい集団で、中央集権的な権力を持たない。だから、部族は民族の中に含まれ、部族連合が民族となることもあるので、部族は民族よりも小集団で、国家的政治権力を持たない。しかし、一部族が大きくなって一民族となることはある。

古代の日本列島にはいろいろな部族がいた。例えば、隼人、熊襲、健、出雲、大和等である。それが紀元三世紀頃から大和を中心とする統一国家が誕生し、四世紀後半には畿内から西日本まで統一され、五世紀には東北地方を除く東日本をも征服した。七世紀半ばには律令国家としての大和朝廷が成立し、世襲的な天皇の大和政権が確立された。それによって、大和朝廷に属する地方の人々が「大和民族」となった。しかし、当時の日本には、まだ民族という概念はなく、言葉もなかったので、大和民族とは表現できないだろうが、このときはまだ沖縄や北海道は大和朝廷に属していなかったので、アイヌや沖縄の人々は大和民族ではなかった。

明治維新以後は、日本列島が「日本」という中央集権国家になったので、大和民族は自動的に「日本民族」と呼ばれるようになった。その後、沖縄や北海道は日本国となったが、伝統文化が少々違うこともあって、沖縄の人々やアイヌの人々は日本民族とは呼ばれなかった。しかし、その後百数十年も経ち、伝統文化の多くが同化され、日本語を話し、今では日本中に住んでいるので日本民族と言っても違和感はないし、日本人であることには違いない。

一般的に私たちが考える日本人とは、日本の国籍をもち、社会的義務と責任を果たしている人、又はその家族のことであり、日本民族を意味していた。しかし、このごろは、民族的日本人に社会的義務と責任を果たさない人が多くなっている。

日本人と言った場合、これまでは民族的日本人のことであったが、今では社会的日本人も含まれる。社会的日本人とは、日本民族以外の人が、日本の国籍を持ち、社会的義務と責任を果たしている人のことである。帰化して国籍を持った人は、他民族であっても社会的には日本人である。

大陸の多民族国家で、過去に支配民族がたびたび代わった中国を例にとって見ると、現在、中華人民共和国と呼ばれる中国には、中国人はいるが中国民族はいない。中国人には漢民族や満州民族、それに蒙古（モンゴル）、朝鮮、チベット、ウイグル、チュワン等の五十六民族がいる。だから中国人は各民族が互いに非難するのだが、中国人を非難する人はいないのである。

私たちは「中国四千年の歴史」とよく表現するが、支配民族が違ったし、国体が異なったので、国家としては継続していなかった。ただし漢字文化は支配民族が変わっても続いて使われてきた。今日の中国（中華人民共和国）は、一九四九年十月一日建国なのでまだ六四年しか経っていない。

人類は自然環境に順応する動物なので、いかなる民族でも、日本に三世代・六、七十年以上住み続けると、日本の自然環境に馴染む。そこでこれからは外見や概念に囚われることなく、伝統的な生活文化を共有できる人々は、同系の民族であり同国民とみなすことが必要である。

これまでの日本人は、一般的に「日本民族」といえば、外見的な肌の色や、髪の色、瞳の色、骨格等の形態的類似を思い浮かべがちであったが、大陸の国境を接する国の人々は言葉や宗教、風習などの共通性によるので、外見にはあまりこだわらない。それは、有史以来民族戦争や民族移動によって混血が進み、外見的には特徴が画一的ではなく、区別しにくくなっているからでもある。

例えば、モンゴル民族には私たち日本民族に類似するような人から、金髪、翠眼、白い肌の人もいる。これはチンギス汗時代に中央アジアから東欧に至るまでを支配したことと、民族移動や略奪婚等によって混血したことによるもので、大陸では普通のことである。

実は、今日の日本でもすでに外見的には区別できなくなっている。明治時代までは他民族との混血はほとんどなかったが、明治以後は徐々に増え、特に第二次世界大戦以後は、アメリカ連合軍の支配下にあったので、移民による多民族、多文化、多宗教国家アメリカの影響により、いろいろな民族との混血が多くなり、外見的特長は規定できなくなった。だから、日本民族以外の特徴をした日本人が多くなってきた。

科学技術が発達し、地球が物理的に狭くなると、人々の異動が容易になり、条件のより良い所に住みたがる人が多くなる。日本に帰化して永住したい人は、伝統文化をしっかり身に付けていただいて、日本人社会に溶け込んでいただけるなら、外見がどうであれ、日本国民として歓迎してやるべきである。

しかし、一時的にやってきたり、いつまでも同化しようとしない人は、日本人でも、日本国民でもないので、しっかり区別すべきである。これから経済的活動はいっそうグローバル化して世界的規模になるだろうが、日常生活が自然環境を無視してグローバル化することは限定的でしかない。

日本に住む日本人の生活文化が、アメリカや中国と同じくなることはない。あっては国家が維持できないし、安心、安全、平和が保たれない。何より地球が一つの国になることは、地球外に人類の敵が出てこない限り不可能だろう。だから、まずは日本国をより良い状態にすることに努力、工夫することである。日本国が安定、継続するためには、日本国民が、生活文化を共有することが重要であり、社会の後継者である子供たちにしっかり伝え、教えることが必要である。さもないと、中国やアメリカのように多文化、多民族社会になって、やがて内紛が起こりやすくなり、安心、安全な日常生活が保てなくなる。民族戦争や宗教戦争の実態を知らない日本人は、世界で一番呑気な民族であり、国民でもある。だから、グローバル化と国際化の区別ができない人が多い。

永住権を持つ外国籍の人が、生活保護対象になるか、ならないかの裁判があったが、受給者の範囲を「日本国籍を有する者」とした場合、永住権があっても外国人には認められない。

日本民族が日本人で、日本国民である場合は根本的に共通する部分があるので左程問題ないが、日本民族でない人が、日本国民である場合は、言葉や道徳心・宗教等の社会的あり方が異なる場合があるので、一時的な情や見識による近視眼的判断ではなく、五十年から百年先を見越して、日本の生活文化についてしっかり認識してもらうことが重要である。

これからの日本国には、様々な人々が居住するだろうが、自信と誇りを持って臆することなく、私たちの生活文化を伝えるように努力し、より良い日本人、そして日本国民になってもらえるように心がけることである。

④ 日本語と国語

ここでは日本語の成立や起源とか言語学的なことではなく、私たちが話す日本語や国語とはいったいどんなもので、どんな意味を持つものなのかと言う、ごく一般的な概念を述べることとする。

私たちが話す言葉は、意思を伝えるための音の記号で、モールス信号と同じようなものである。自然環境によって培われた生活様式や感情等の意思を伝える方法は、共同や共通体験を通じて考案された符号を並べたようなものなので、異なった自然環境に住む人々には理解されにくい。だから他民族の使用する言葉は通じないのが普通だが、自然環境が類似していると、意思の持ち方に類似点が多い。

東インドのナガランド州北部にコニャックと呼ばれる、かっては首狩の習慣のあった部族がいる。私はそこを二度訪れたが、基本的には稲やはと麦、トウモロコシ、里芋などを栽培する定住した農耕民である彼らは、〝ハリバイ（ありがとう）〟と言う言葉を良く使う。感謝の言葉を良く使う人々は比較的豊かな自然環境で、しかも定住型の生活を営んでいる場合が多い。砂漠や荒野など自然環境の厳しい地域に住む人々は、移動の多い遊牧生活になりがちで、感謝の言葉をあまり使わないし、自分中心で心遣いや社会性に欠けている。

コニャック族は〝チューチュ〟と言う別れの言葉もよく交わす。日本人もそうだが、定住農耕型社会の人々は、日常的によく知り合っているので形式を重んじ、建前と本音のある二面性をもっており、人当たりがよく、別離を悲しみがちである。しかし、移動型の遊牧民たちは、別れることが日常的なので、別離に際して特別な言葉をあまり使わない。

〝ハリバイ〟と「ありがとう」、〝チューチュ〟と「さようなら」は同じ意味なのだが、表現する音の記号が違う。しかし、その音声を発する心理は同じである。それは自然環境に培われた風俗習慣の根底に類似性があるからである。

コニャック族には日本と同じ「雨乞い」や「厄払い」の風習がある。雨乞いをするのは、彼らが農耕民であり、しかも定期的に雨が降るという自然条件下にあったためである。農民が雨乞いをする風習は世界中にあるが、雨がいつ降るか分からない地域、乾燥地帯や熱帯多雨地方では、雨乞いの儀式は見られない。雨を乞う人間の心理には、生きようとする強い願望がある。その願望が神を創造し、神の加護を願い、神を呼び寄せる儀式を考案する。その方法は民族によって異なるが、創造された神の本質は類似するので、それを表現する記号の音・言葉は違っていても意思は共通している。

日本は北海道から沖縄まで南北に長い国で、周囲を海に囲まれているので湿気が多く、山の多い大地は緑に覆われている。比較的類似した自然環境に培われてきた生活文化は、基本的には類似している。

日本の生活文化の一部でもある言葉は、自然環境が類似するので各地方の発声が少々異なっていても、それを発する意思は共通している。私たちは、その言葉を「日本語」と呼んでいる。

私たちが日常的に使っている生活用語は、自然環境に作用されて育まれた言葉なので、人々が勝手に作ったものではない。日本人の話す日本語は、日本の自然環境に順応して生きてきた先祖たちの文化遺産である。しかも、文字ではなく話し言葉として伝えられてきた。

中国大陸における「漢字」は、いろいろな民族を統合する役目を十分に果たしていた。その読み方の発音としての言葉は違っても、表意文字としての漢字が共通の意味を持たせたので、日本における話し言葉としての日本語と同じように、中国大陸では漢字が使われてきた。そのため、支配民族が変わって違った国になっても、中国四千年の歴史と言われるように、官使登庸試験の「科挙」に、古代から漢字が使われてきたのである。

日本は南北に長く、季節が少々違ったり、寒暖の差があったりして、言葉の音声が微妙に違っている。その違いを方言と呼んでいるのだが、言葉が全然通じないわけではない。例えば、北国で降雪の多い青森県のズーズー弁、東京を中心とする関東弁、大阪を中心とする関西弁、そして高知県の土佐弁、鹿児島県の薩摩弁、沖縄の沖縄弁等、いずれも日本語の方言とされている。

日本の各地方に住む人々は、百四十年ほど前の明治時代に入るまでは、地方弁である方言を中心に話していたので、統一された標準語と呼ばれる日本語としての「国語」はなかった。しかし、日本では、明治時代から標準語としての日本語を国語としているので、諸外国とは国語の意味、解釈が少々違っている。国語と言う意味は、日本では日本語の別称とされているが、他国では同一国家に属する国民が、一般的に使用している規定された言語のことである。

「国語」と言う日本語がいつごろできたのか確かではないが、江戸時代中期の加茂真淵や本居宣長が国語研究をした「国学者」と呼ばれているので、江戸時代にできた言葉かもしれない。しかし、後世の学者がそのように表現したようでもあるので、一般的には明治以後だとも言われている。そのいわれは、明治三十三年に「国語科」という表現が現れたことによるそうだ。いずれにしても、国語には、ほかの言葉を認めない特定の色合いが強い、規定された意味がある。

地球の至る地域で、いろいろな民族が寄り合って中央集権国家を形成している。それらの国にとって多言語では国家が統一できないので、先ず初めに統一言語としての「国語」を制定する。一般的に国語の規定は、国家形成の必用条件なのである。

日本は幸いなことに、日本中が類似した言語・日本語を使っていた。しかも、日本国ではなかったとしても、天皇と言う社会的権威の存続によって、国家の形態、すなわち「国体」が古くから続いていた。そのため、明治時代になっても新しい国としての標準語は定めたが、統一国家に必要な公用語としての「国語」を制定または規定する必要がなかった。

一般的に多民族、多文化、多宗教の国では、「○○語をもって国語［公用語］となす」などと、憲法やその他の条項で公用語としての国語を規定しているのだが、日本は日本全国日本語が通じたので、標準語としての日本語が自然に国語とみなされた。

日本は第二次世界大戦で敗戦国となり、アメリカ連合国の支配の下で新しい国を誕生させた。

国の形態は新しくなったが、国民が日本人なので引き続き日本語を使った。新政府は、英語を国語とせず、日本語を国語とみなし、改めて規定することはなかった。しかし、今日では国際的な経済活動のために、英語が必要とのことで、小学校から英語を正課にしようとしている。ビジネス用語としての英語は、母語としての日本語を正確に理解し、話せない限り、十分な役目を果たせない。まずは日本語をしっかり身につけて、人間としての基本的能力を培うことが重要なのだが、若い人々には日常的な生活用語としての日本語を十分に活用できない人が多くなっている。

世界の多くの国では規定された言葉を国語として教育しているようだが、イギリスの小学校では国語と言う表現ではなく英語とされている。しかし、日本では日本語ではなく、規定されてはいないが、わざわざ国語と言い換えられている。

今日、一般的な国際語は英語だが、地球上で最も多く使われている母語は中国語で約十億人、次いで英語で三億五千万人。以下スペイン語、ベンガル語、ヒンディー語、ロシア語、そして日本語、ドイツ語となるそうである。いずれにしても、一億二千万人もの人が母語とする日本語は、世界で七番目に多くの人が使用している言語である。

諸外国の国語は、一般的に建国と同時に政府が規定した公用語としての言葉であるが、日本語は、日本国で自然発生的に培われた言語である。言語である日本語は私たち日本人にとっては母語であるが、時代の流れと共に変化する流動的な言葉でもある。しかし、政府・国が規定した言葉・国語は、簡単に変化させるものではない。もし規定された国語が時代の流れと共に変化すれば、世代によって言葉が少々異なり、文化の格差が生じ、意志の疎通がうまく図れず社会が不安定になって、人心の安心、安全が保てない。

言語学者の金田一京助は、著書「日本語の変遷」の序論に次のように記している。

「言語というものは、民族の伝承の上に存在し、民族生活の進展につれて時代から時代へ不断の変遷・発達をし続けるものである。ただその変遷は、目に留まらない小さな差異を折り畳んで、極めて徐徐として進行するのが常であり、進行中には、格別意識にも上がらないが、若干の時を重ねてはじめてそれと気づく、と言うようなものである」

今日の日本には、言語学としての日本語を研究する学問はあるが、規定された国語を研究しているのではない。と言ってしまえば語弊があるが、要するに変化する日本語を国語とみなしているので、国語審議会で審議されている内容が、奈良、平安の時代から言葉は変化するものと言う前提で討議されているようである。

日本には変化する言語としての日本語はあるが、諸外国のように憲法等で規定された統一用語としての国語はまだない。そのため、社会現象が激しく変化する現代の日本では、日本語の意味、解釈、発音等の仕方が短期間に少々違ってきているし、カタカナ語が多くなっているので、祖父母と孫の世代の話す言葉が通じ難くなっている。

科学技術の発展や国際化等による社会現象の急激な変化は、心身の安全を損なって不安を募らせるので、今日の日本人社会は個人主義が強くなり、民族としての共通性が薄れ、社会の安定、継続が困難になっている。これまでの人類にとって、言語は百年以上もの長い時間をかけて徐々に変化するものであったが、今日のわが国のような科学的文明社会では、情報化、国際化等で社会現象の変化があまりにも激しいので、それにつれて変わる言葉も十数年から数十年単位で変化するようになっている。

例えば、今日の祖父母の世代と若い孫世代の言い方の違っている言葉は、文化庁が平成二十四年に行った国語世論調査によると次のようになっている。

「あの人は私より一歳上だ」→「あの人は私より一コ上だ」、「腹が立つ」→「むかつく」、「走るのがすごく速い」→「走るのがすごい速い」、「ゆっくり、のんびりする」→「まったりする」、「とてもきれいだ」→「チョーきれいだ」、「正反対」→「真逆（まぎゃく）」、「とても明るい」→「ぜんぜん明るい」、「中途半端でない」→「半端ない」等である。

このような現象に対応する国語としての日本語を制定しないと、日本語が世代ごとに微妙に違って、これからの日本人社会の日常生活における安心、安全が望めなくなる。

私たち日本人は、小学校から国語としての日本語を学習しているが、その内容は文字の読み書きと言葉の解釈が中心で、生活用語としての会話や表現力の向上については関心が弱い。しかし、これからは、生活現場での体験が少なくなった子供たちに、体験知（経験知）の必要な会話力や表現力を高めさせる努力、工夫が必要になっている。

これからますます国際化が進むだろうが、日本で安心、安全に生活するためには、国際的なビジネス用語としての英語よりも先に、先ず、日常的な生活用語である日本語がしっかり話せ、理解できることが重要である。

⑤国民としての日本人

私は、これまでに多くの国を探訪したが、初めは自分が日本人であることをあまり主張しなかったし、意識もしていなかった。と言うよりも少年時代からの国際化教育によって、日本人意識が強いことは、人類愛や世界が一つになるにはマイナス要因であるとすら思っていた。しかし、世界各国を探訪すればするほど、日本人意識の必要性を感じ、かえってその意識が具体的な人類愛に通じるのだと思うようになった。それは、理想論ではなく具体的な事実として、隣人を愛することの出来ない者に人類を愛する資格はないのではないか、と思えるようになったからである。

世界的によく言われていることは、「人はインターナショナルになればなるほどナショナルになる」と言うことであるが、私も世界各国を探訪して、各国を知れば知るほど日本について知りたくなり、日本が自分にとって大事な国であると思うようになった。そんな思いもあって、「日本の民族的、文化的源流を探る」をテーマーに、アジア各国をくまなく踏査した。

私がまずしなければならないことは、祖国日本を理解し、日本の人々を愛し、日本に尽くして、日本人社会を安定、継続させるために努力、工夫することとの自己認識である。そうすることが人類を愛し、地球の平和に貢献することとなのだと思うようになった。

全体とは個の集まった状態で、個のない全体はない。しかし、個が存在しなくなっても全体はあるが、全体がなくなると個もなくなる。集団全体がしっかりするには、個がそれぞれしっかりすることである。個がしっかりした集団が理想であって、集団になれば個がしっかりすると考えるのは、守られる立場の甘えである。地球全体には必ず日本という地域が必要なのだが、日本が衰退したりなくなっても地球全体は存在する。これからは日本がしっかりすることによって、地球全体をしっかりさせようとする日本人の自覚、自己認識が必要なのである。

私は、地球上を自分の足で歩いているうちに、国際的な日本人になるのではなく、日本的な国際人になろうと思うようになった。私が、日本で日本のためになすことが、世界のため、人類のためになればよいだけのことである。それは、これからの日本人が心がけねばならない必要課題でもある。

日本は、紀元前から紀元四、五世紀にかけて、中国大陸や朝鮮半島から多くの人々が渡来しているのだが、侵略されたわけではなく、長年に亙って徐々にやってきたのである。その渡来人たちは、三世代、四世代と住み着くことによって徐々に自然環境に順応し、日本の生活文化に馴染み、日本人化した。そして、数百年も経てば日本民族に同化して日本人になり、徐々に今日のような日本民族が形成されたのである。

私たちが考える日本人とは、日本語を話し、日本の風俗習慣に馴染んで、社会的な義務と責任を果たしている人のことである。

古代から日本に住んでいる日本人は、骨格的にはモンゴロイド的特徴のある、類似した外見で単一民族のようであったので、同一民族的な纏まりが強かった。そのため、日本人になるための特別な教育は必要なく、ごく自然に日本人になるものと思い込んでいる人が多かった。しかし、国境を接しているような多民族国家では、自分たちの社会の後継者を育成することに、最善の努力を怠ることはなかった。さもないと、民族紛争や侵略戦争によって自分たちの社会は安定、継続しないことをよく知っていたからである。

これまでの日本人は、子供たちに意識的に風俗習慣を教えて社会の後継者である日本人を育成しようとしたのではなく、大半の親は、村や町の掟のような狭い範囲の「世間」に、後ろ指を差されたり、村八分をされないように、道徳心や風俗習慣を教えていた。どちらかと言えば、定住した同族的社会に顔向けできないことにならないように、又は恥をかいたり後ろ指を差されないように集団の中で気を使っていた。

だから個人的には、そうした世間体から逃れて自由気ままに暮らしたい気持ちが強く、他民族と比較することを知らず、皆同じ同族的な人間であると思いがちであった。そのため、異質な人や物をなかなか認めようとはしなかった。

古来の日本人は、外見的特長が類似していないと外国人または外人と表現して日本人とは認めにくかったが、民族間の戦争や民族移動の激しい大陸に住む人々は、同じ風俗習慣を身につけ、同じ言葉を話して協力し合える人が同民族であり、同国民であると思いがちである。そして、瞳の色や髪の色、肌の色などの外見で区別するのではなく、各人が生活の現場で状況を見て判断をした。しかし、私が会った多くの大陸の人々も本音では外見的類似性を求めていた。

外見的又は文化的類似性の強かった日本人は、自ら判断するのではなく、世間に通じる常識に左右された。そのため、各自が「産みの苦しみ」や「育てる喜び」を知らず、長いものに巻かれたり、右へ倣えをするようになっていた。だから、個人個人には社会を営む根本的な価値観なり姿勢が弱く、外部の圧力に屈し安く、同調しがちであった。そのため日本人社会は外圧に弱く、変わり身が早い特質を持っている。

そんなこともあって、古代の中国大陸に起こった「郷に入っては郷に従え」の格言を鵜呑みにして、何が何でも郷に従うことが正しいと思い込んだり、中世のヨーロッパ大陸で叫ばれた「学問は中立でなければならない」をそのまま真面目に信じ込んで、国民の税金から給料を貰っている学者が、自分たちの社会のためを考えなかったりしがちである。古来、中国大陸の人々は郷に従おうとしなかったので郷に従えと教訓したのであり、民族や国が多く戦争が耐えなかったヨーロッパ大陸では、せめて学問だけでも視野を広めて、中立で協力し合おうではないかと言うことで叫ばれたのであって、何も国や社会を無視して学問すべきだと言ったのではない。

今日の日本には、中国大陸や朝鮮半島、台湾などから多くの人々が移住している。彼らは外見的には日本民族と類似しているが、文化的には漢民族であったり、満州やモンゴル民族であったり、朝鮮民族や台湾の諸民族であったりする。しかし、帰化して日本国籍をとり、日本語を話し、日本の風俗習慣を身につけ、日本の社会的義務と責任を果たしていれば、立派な日本人であり、日本国民である。

日本はアメリカ大陸の諸国のような移民による多民族国家ではないが、これからの日本では、条件さえ許せば認めてやることが必要である。そうすると、日本人には民族的日本人と社会的日本人がいることになるが、国民としては同じである。しかし、もしも日本が多民族国家になれば、今日のような安心・安全は保てなくなる。

例えば、アメリカ大陸に移住している日系人は、民族的には日本人であるが、社会的にはアメリカ人であり、メキシコ人、ブラジル人、コロンビア人、ペルー人、チリ人、アルゼンチン人等であり、それぞれの国民である。

第二次世界大戦終結（一九四五年）までの日本には、他民族との混血はあまりなかったが、その後は、多民族国家のアメリカ人が多くやってきたので、混血の機会が非常に多くなった。欧米系やアフリカ系、アラブ系といわず、いかなる民族とも結婚が自由になり、しかも、男女の性が異常に自由化したこともあって混血が進み、現代の日本人の外見的特徴が規定できなくなって、何でもありになっているが、より良い日本国民になってもらうことが重要だ。

今日の世界は、科学技術の発展によって時間的に狭くなり、各国との往来が容易になって経済活動はグローバル化したが、各国の風俗習慣や言葉、宗教、価値観が共通したり、一つになることはない。何より世界を一つにする必要はないが、個々の国が独自性を保ち、切磋琢磨して、お互いに認め合い、理解しあうことによって連合的な地球社会になる国際化は可能だし、そうなるように努力することが望まれる。

各個人の人間的な本質は共通するものの、民族的集団が培う生活文化は、自然環境が異なるように、それぞれ違っている。その異なっている日本の物、生活文化が何なのかを知ることが、日本人とは何なのかを知る自己認識を高めることにもなる。

これまでに人類が経験したこともない、豊かで平和な、発展した科学的文明社会日本に住む我々国民は、自らの努力で自己認識を高めて、日本的特長を基盤にした国際化を図っていくことが、最も安心、安全な日常生活に通じることであり、より良く逞しく生きる知恵でもある。

第二節　日本の自然環境と生活文化

① 山の多い複雑な大地

イ、日本人の肌を潤す湿気

日本に住んでいると気付かないのだが、世界の各国を旅行してみると、空気に接する肌は、自然環境に敏感に反応していることが実感として分かる。

湿度二〜三十%の乾燥の強い荒野や砂漠に住む大陸の人々は、なるべく肌を空気に触れさせないようにしているが、それでも肌に潤いがなくなりがちで、三十歳前後から急にしわやしみが多く、かさついてくるので、日本人の同年輩よりもかなり老けて見える。

周囲を海に囲まれて湿気の多い日本では、特に夏には、肌をなるべく外気にさらして、乾燥させるよう努力をする。日本の特徴は、衣類の首や袖口を広く開け、内股に空気が入るように工夫された着物であり、ふんどしやステテコであり、ゲタやぞうり等であって、肌の水分をなるべく早く追い払うような文化である。

ところが、乾燥した大陸では、首を閉めるネクタイ、袖口を閉めるボタン、足首まであるズボンや革靴などで、なるべく肌を包み隠す保温・保湿の文化である。

砂漠や荒野に住む女性たちは肌を包み隠してはいるが、それでも乾燥から肌を守るためにクリーム（脂分）を塗ったり、厚化粧をする。しかも、目鼻立ちがはっきりして、彫が深いのでさまになっている。

今日の日本では、日本よりはるかに乾燥している欧米諸国や中近東の女性の化粧を真似て、若い女性がはでに化粧することが普通になっている。しかし、湿気の多い日本では、濃い化粧をするとかえって肌が荒れたり、汗ばんで化粧にむらができ、遠目にはよいが、近くで見るとうす汚く感じられる。何より、彫の浅い日本女性に厚化粧は似合わない。

日本人の肌は、特に若い女性の肌は、化粧などしなくても、木目細かく潤いがあって、すべすべしている。それは、先天的な肉体的特徴ではなく、生後の自然環境がなせることなので、日本で生まれ育った人の肌には日本の湿気を含んだ空気が一番安全なのである。

日本は、ユーラシア大陸のヒマラヤ地方や南中国地方から吹いてくる風の影響の強い、アジア、モンスーン地帯にあり、夏は太平洋方面からの南東の季節風があって雨が降りやすく、冬はシベリアやモンゴル高原からの北西の寒い季節風があって、雪の降る日が多い。

日本の太平洋側は、晩春から夏にかけては梅雨や台風によって一日に百〜二百ミリもの多量の雨が降ることがあり、冬期には日本海側に雪が多く、世界的にも有数の豪雪地帯で、二～四メートルもの積雪がある。

山の多い日本列島は、モンスーンによるだけではなく、山の高低による気温の変化によっても雲が発生しやすく、風が吹き、夏は雨や霧雨が、冬は雪が降りやすいので、年間を通じて水が豊富である。自然な飲料水は、石油やガス、鉄鉱石等にも勝る天然資源で、日常生活を豊かにする源でもある。

日本では年間平均降水量が千八百～二千ミリもある。高知県は二、七〇〇ミリ、屋久島は四、〇〇〇ミリ、最多雨地では四、五〇〇ミリもあり、湿潤な気候で、野山には草木が生い茂る。ヨーロッパ大陸では比較的雨が多いといわれる地中海沿岸でも年間七〇〇ミリ程度で、日本に比べるとかなり乾燥している。そのため、大陸性気候の乾燥した地域の人々が、何か物を造るには、まず水を引いて草木を茂らせることから始めようとするが、日本では、まず草木を切り開いて、水を排除することから始めなければならない。

周囲を海に囲まれて雨量が多く、湿気の高い湿潤な自然環境は、日本人の肌にも大きく影響しているのである。それは、湿度六十％以上の日が多い日本では、人の肌の汗腺が湿度三十％前後の大陸で暮らす人々よりもはるかに大きく開いて、体内の水分が発散しやすくなっているからである。そのため日本人の肌は、乾燥地帯の大陸に住む人々よりもはるかに潤いがあり、滑らかでつやつやしている。特に中年以上になると差が出て、日本人女性が、年齢よりも若く見られる原因の一つでもある。諸大陸と日本列島の環境で最も異なるのは湿度で、日本人の潤いのある肌は、民族特有の体質にもなっているが、日本を離れて暮すとそうでもなくなる。

湿度六十％の日本から、アメリカやヨーロッパ、アフリカ、アジア大陸のような湿度二～三十％の乾燥地帯へ行くと、日本人の肌は、新しい環境に適応するために汗腺口を閉じようとする自己防衛能力が無意識にフル稼働する。だから、運動していなくても身体は疲れる。その疲労の症状が、一両日後には喉や目、鼻等の粘膜に現れ、風邪を引きかけた時と同じような徴候が現れる。そのため、多くの日本人が風邪を引いたと錯覚しがちである。

欧米を中心とする競技スポーツのための運動生理学には、高地に対応する理論はあり、研究も進んでいるが、乾燥に対してはあまり研究されていない。乾燥している諸大陸でスポーツ競技をする日本選手のために最も必要な運動生理学は、乾燥への対応である。大陸は、海や山の多い列島国日本よりもはるかに乾燥しているので、日本人の肌は、環境に順応しようともだえ苦しみ、四～五日では順応しきれず、十分な活動ができない場合がある。

私たち日本人は、意識することなく、雨、水の多い日本の湿潤な環境に心身ともに適応するようになっているので、日本の空気の下では安心して暮らせる。これも水の文化の一つで、言葉にも多くの表現がある。例えば、「水入らず」「水を指す」「水臭い」「水心」「水を向ける」「水も漏らさぬ」「水を打つ」「水に流す」「水のしたたる」「水に油」「水をあける」等、水とのかかわりを多くの言葉で表現している。水に対してこれだけ多数の言葉を持った民族は他にいないだろう。そのせいで、乾燥した大陸諸国に比べ、老若男女を問わず、湿潤な空気に守られて滑らかな潤いのある美しい肌をしている。

ロ、植物に覆われた豊かな大地

これまでの日本では、「日本は狭い島国」と表現されることが一般的であったが、「日本は広くて豊かな国」と言われると、あなたはどう思うだろう。私はこれまでの四十数年間に世界百四十二カ国を訪れた結果、日本は広くて豊かな国だと思うようになった。なぜなら、緑豊かな大地と広い海があり、高い山と清い水の流れる川が多いから。

日本人は、山や海を狭さの象徴のように認識しがちだが、多くの国の人々は、豊かさや広さの象徴と認識している。実際、海は広くて豊かであり、山は平地の砂漠や草原、荒野よりもはるかに変化に富んで樹木が多く、緑豊かである。何より、草木の多い山は海の幸を豊かにするので、山と海は常に恋愛関係にある。われわれ日本人は、他の国の人々よりも実に多くの山や海との出合いによってより豊かな生活をしている。

日本人の多くは、今でも日本は狭くて貧しい国だと思いがちである。市場経済中心的な考えによる金銭や物が世界の一、二を競う程発展して豊かになっているのに、どこの国とどのように比較するのか定かではないが、まだ広くて豊かな国だとは思えないようである。実に多くの日本人が、否定的に考える自虐的発想をしがちなのだが、物は考えようなので、狭いよりも広い、貧しいよりも豊か、不幸よりも幸せに思えばよいのである

日本国の領土は太平洋・オホーツク海・日本海・東シナ海などに囲まれた、南北三千キロメートル、東西二千キロメートルにも及ぶ列島で、三七七、九〇〇平方キロメートルの面積である。広い海に囲まれた大地としての領土の約七十五％が山で、複雑な地形をしており平地が少ないため、日本人の多くが日本は狭いと思いがちである。そのため、「狭い日本」と言う印象が世界地図を知った明治時代以来伝統的に続いている。しかし、実際にはそれ程狭い国土面積ではない。高い山の斜面である斜面積を底面積のように引き伸ばせばだいたい一、三倍にもなるので、実際の国土面積よりもかなり広くなり、約四十六万平方キロメートルにもなる。

何より、平原のように見限ることのできない物理的な広さは、いざと言う時に簡単に身を隠すことができないので不安や心配事が多く、心理的には狭さに通じる。その反対に山あり谷あり川ありと、日本の大地のような視界が狭く、物理的に狭い大地は、いざと言う時に簡単に身を隠すことができるので、心理的には広さに通じるのである。実際に広い平原等に住んでいるよりも、日本のような大地に住んでる方がのんびり、ゆったりでき、安心感に浸りやすいのだが、日本の多くの人が、そんなことには気付いていないし、意識にも無い。

世界にはアメリカやロシア・中国・オーストラリア等のように、日本の二〜三十倍も広い国があるが、その大半が人の住めないような砂漠や平原・草原・荒野なので、単純に国土の広さを比較してもあまり意味がない。比較的日本に近い広さのフランスの領土が五四七、〇〇〇、タイが五一四、〇〇〇、スペインが五〇六、〇〇〇、スウェーデンが四五〇、〇〇〇平方キロメートルなので、日本の山の斜面積を加えると、それに次ぐ広さになる。そして、ドイツが三五六、〇〇〇、イタリアが三〇一、〇〇〇、イギリスが二四四、〇〇〇平方キロメートルの領土なので、日本は決して狭い国ではない。何よりも、海産物の豊かな海と、樹木の生い茂る緑豊かな山があり、四季の変化に色づけされる豊かで複雑な大地がある。

高い山にはたくさんの草や木が生えている。草木には豊かな葉があり、花が咲き、実がなるので、動物・鳥・昆虫などいろいろな生物が棲んでいる。

日本の野山には、なんと約二万四千二百十四種もの植物があり、その大半が私たちにとって必要なものである。これらは食料にとどまらず衣住や薬用、燃料、染料等のあらゆることに利用できる。日本は世界でも有数の食料としての植物の宝庫なのである。

例えば、日本の森林の高等植物相は五、五六五種で構成されているが、北アメリカ北東部の同緯度、同程度面積には二、八三五種、ニュージーランドでは一、八七一種なのだそうで、日本の植物相が多様性に富んでいることがわかる。

植物と人間との関わりには、直接的かかわりと間接的かかわりの二つがある。直接的とは、食用、薬用、建築用、燃料、庭木、盆栽等のことであり、間接的とは、美術、工芸のモチーフや染料として使われることである。いろいろな模様や文様の多くは、植物の造形から発案されている。ほかの間接的な関わりとしては、思想や文学、人生観等がある。

日本では生活となんらかの関わりのあった植物には名称がつけられていたが、さもないと無名であった。分類学や生態学、理科学等の学問のためには名称は必要だろうが、生活するために必要なかった物には名前がなかったので、無名の雑草や雑木も多かった。

山があると雨が多く降り、水が流れる。雪が降ると積もって翌年解けて流れる。日本の川は清流が多く、しかも軟水であるのでどこの川の水も飲める。今の日本の水道法では、大腸菌が一匹でも含まれていると飲料水にしてはならないことになっているが、腸内に大腸菌を一匹も持っていない人は乳児以外では一人もいない。日本の川で大腸菌が一匹もいない川というのはありえない。

私は国立信州高遠少年自然の家に所長として四年間勤めたが、そこは非常においしい水に恵まれていた。渓流の水には大腸菌が少々含まれていたが、私はその水を飲んでも平気であった。しかし、子供たちに飲ませることは禁止されていた。四〜五十年前までの日本人は、川の水を飲んで生活していたが、今の日本人の多くは、特に都会育ちの人は下痢をしてしまうかもしれない。だが、生きる力を身に付ける必要があるとよく言われているが、子供たちに抵抗力をつける機会も与えずに、山間の清流の水が飲めない状態でよいのだろうか。

また、日本は南北三千キロメートルの範囲に位置し、亜寒帯から亜熱帯まで多様な特色を備えており、それぞれの地域に対応した多種多様な動植物、すなわち生きる糧、食料が存在しているのだが、それらの活用の仕方を教えないままでは、生活能力を高めることはできない。

日本の人口一億二千七百四十五万人（二〇一〇年現在）は、世界で九番目に多く、国土面積比からすると、世界で三番目の人口密度で、非常に多くの人が住んでいる。今から百五十年程前の江戸末期には既に三千五百万人が住んでいたそうである。これだけの人が住めるということは、それだけ大地が緑に覆われて豊かな証拠である。ただ広くても、砂漠や荒野のように草木や水もなく人間が住めるだけの力がなければ、利用価値の高い豊かな大地とは言えない。

ハ、巡り来る食料

〝季節（とき）は巡り、時刻（とき）は流れる〟という諺があることはすでに説明したが、時刻は一方的に流れているので、生物の有限なる生命の長さを象徴し、季節は変化が激しいけれども再び巡ってくるので、自然の循環を象徴している。

その季節と共に、日本列島には多くの生物が発生したり、渡来する。まるで、棚からぼたもちが落ちてくる「棚ぼた式」に、願ってもない幸運に恵まれることが、毎年、同じ季節に起こる。

古来、自然と共に生活してきた日本人は、季節毎に、そうした生物である食料が発生したり、渡来する所の近くに住み着いた。その場所は、川沿い、中でも多いのが河口、海沿いや湖沿い、山麓などである。

日本に季節毎に渡来する生き物は、海や川、それに空を経て他の場所からやってくるのだが、大地には、多くの植物が芽吹き、花を咲かせ、実をつける。平地は同じ時期だが、大きな山は、高低によって異なるので、人間が山に登っていけば、同じ植物でもより長く採集することが可能である。

日本の大地で自然と共に生きるための食料採集の知恵は、今後いかなる科学的な文明社会になっても、より良く安心、安全に生きるための心得として、忘れてはいけないことである。

それでは、古代から集団で定住してきた日本人の生活を、季節毎に支えてきた生き物を簡単に列挙してみると、次のようになる。

a、海にくるもの

いわし・さんま・かつお・にしん・さけ・はたはた・ふぐ・たら・いか・さわら・まぐろ・鯨

わかめ・こんぶ・のり・ふのり・もずく・ひじき

海には一年中取れる魚介類や海藻があるので、区別がつきにくいが、旬のものと言える海産物は主にこのようなものだろう。しかし、渡来するのではなく、季節によって取って食べるえび・かに・海草や貝類のような生き物も多い。これらは日本人にとってはごくありふれた食料だが、海のない国の人々にとっては、想像を絶するような種類の多さと豊かさである。

b、川にくるもの

さけ・ます・あゆ・うなぎ・うぐい・はや・いわな・ざざ虫

川は生き物が巡り来ることもさることながら、生き物にとって大切な水がある。水そのものが、雨や雪の季節によって流れる量が異なるので、川そのものが巡りめく季節である。川は、稲作農業のような栽培農業を発展させ、食糧増産になくてはならないものであり、人や物を運ぶ船が通る古来の道であった。そのため、多くの人々が川沿いに居を構えて住み着いた。川は、海や湖と同様に、物資流通の大動脈でもあった。

c、空からくるもの

かも・がん・ひよどり・つぐみ

空からは多くの渡り鳥がやってくるが、日本人の食料としては、あまり利用されていなかった。例えば白鳥、ホトトギス、カッコウ・ツバメ・オオルリ・ツル・アジサシ等は季節を告げる渡り鳥ではあるが、食料にしたという話をあまり聞かない。

d、大地に芽生えるもの

季節によってやって来たり、芽生えるものが多く、その殆んどを食料や薬、染料などに利用してきた。

◎植物

つくし・わらび・ぜんまい・いたどり・みつば・せり・せんぶり・じゅんさい・山芋・山ゆり・くず・あけび・いぬびわ・のいちご・茅の芽・山もも・山ぶどう・しい・くり・くるみ・しゃしゃぶ・むく・山がき・かづらなし

◎動物

いのしし・しか・野うさぎ・たぬき・きつね・いたち・てん・きじ・山どり・渡り鳥

◎菌類

松たけ・しいたけ・なめこ・しめじ・きくらげ・からまつだけ等

日本人は、このようなものを季節毎に食料の糧として生きてきた。このように列記しても、普通の日本人にとっては、ごく当たり前のことであるが、海のない、山の少ない、川の少ない大陸の人々にとっては、金や石油や鉄にも勝る宝物、食料なのである。このような万金にも値する天然資源としての食料に恵まれていたからこそ、江戸時代末期にはすでに三千五百万人もの人々が生活することができた。当時と同じ国土の広さでも、近代的な科学技術を利用すれば、今日の日本の領土には、三倍の一億人は十分に生活できるだけの天然資源、力がある。

② 広い豊かな海

イ、世界一長い海岸線

日本人にとって海や川、山等は身近にあるもので、それ程ありがたいものとは思えない。特に海は、広さや豊かさよりも狭さや怖ささえ感じさせている。しかし、人類にとっての海は、広さと豊かさの象徴でもある。日本人の生活文化の特徴も、なんと言っても海からの恩恵によることが多いのである。

四国南西端の海岸で生まれ育った私は、大らかで、豊かで、暖かな海が大好きだが恐い。広くて、深くて、冷たくて、神秘的な海は意地悪で大津波だってよせてくる。

海は静かに眠っているようだが、荒々しく動いている。海の表情とも言える波は、その心をいろいろに変えて見せてくれる。大きくうねる波、小さく揺らめく波、水しぶきを立てる白波、海岸に打ち寄せては返す波。波にはいろいろな形があるが、心臓の鼓動が時を刻むように、海面を次々に揺れ動かして行く。その波は、海岸から遠いはるか沖合いから寄せてくる。

海が誕生したのは、約四十三億年前といわれている。初めは塩素などが溶け込んで酸性であったが、ナトリウムやカルシウムが溶け込むにつれて中性になったといわれている。海とは、地表上の七十・六%を占める塩水で覆われた部分を指す。

海の面積は三億六千万平方キロメートルで、陸地の面積一億五千万平方キロメートルの二・四倍の広さだ。

日本の国土規定によると海は領土に含まれない。ただし、湖や川は国土であり領土である。しかし、海岸の低潮線である基線から十二海里、すなわち二十キロメートル沖合までは領海とみなされている。領海とは、一国の沿海のうち、その統治権を行使し得る範囲の海のことである。周囲を海に囲まれた日本は、南北三千キロにも及ぶ列島国であり、入江や湾が多く、のこぎりの歯のように複雑に入り組んだリアス式海岸、例えば三陸海岸等のような海岸線が続いている。

そのため、日本の無数の島々にある海岸線は世界一長く、総延長がなんと三万五千キロメートルにも及び、地球をほぼ一周する程の長さである。日本の海岸線がいかに長いかを知るために、主な国々の国土面積一千平方キロメートルについて海岸の長さを比べて見ると、日本が飛び抜けて長く、九十一・三キロメートルもある。次いでイギリスが長く、五十一・四キロメートル。そして、韓国二十四・一、イタリア十七、カナダ十、ドイツ六・八、フランス六・二、アメリカ二・二キロメートルとなっている。広い海に囲まれた山の多い日本は、川と入江や湾の多い水の国なのである。

日本列島の長い海岸線を取り囲んでいるのが領海である。領海には沢山の海産物が採れるが、領土に含まれないので、日本特有の生産物にはならない。日本近海は、魚介類や海藻類の種類や量が多く、世界一豊かな海である。それに、大きな鯨までいる。太平洋に面した土佐湾には、一年中鯨が棲みついて泳いでいる。

〝いうたちいかんちや　おらんくの池にゃ潮吹く鯨が泳ぎよる〟

土佐の高知では、昔からこんな民謡が歌われている。その鯨の餌はイワシである。イワシの餌はプランクトン。そのプランクトンの餌は、山の木の葉や草が腐って作り出す腐葉土に含まれている有機物の一種、フルボサンと鉄分が結合した〝フルボサン鉄〟である。そのフルボサン鉄は雨水によって流され、川によって海に運び出されている。土佐湾を潤している主な川は、四万十川と仁淀川である。

日本の豊かな領海の外にある海は、日本国にとっては排他的経済水域と呼ばれる海である。排他的経済水域は、基線から二百海里、すなわち三百七十キロメートル沖合までの範囲。日本の排他的経済水域は、なんと三百八十六万平方キロメートルの広さにも及ぶ。

海岸線が世界一長い日本列島は、世界に通じる玄関口が大変広い。その広い玄関口から一歩乗り出した海が領海で、その外に排他的経済水域と呼ばれる海があり、その外が公海である。だから日本の海岸から船に乗れば、世界中の港に行くことができる。

日本の領海や経済的活動の権限が及ぶ排他的経済水域と領土を含めると、なんと四百二十万平方キロメートル以上にもなる。私たちが住んでいる日本は、緑豊かな山の多い、そして魚介類等の海産物が多い広い海のある、大変豊かな大地に恵まれた広い国なのである。

それだけではなく、日本の地理的条件の中で、海流を忘れてはならない。太平洋岸を南から北へ流れる暖流の黒潮と、北から南へ流れる寒流の親潮があり、千葉県銚子沖でぶつかって、黒潮は東の太平洋沖へ進路をとる。

鰹は、この暖流と共に餌のイワシを追いかけて北上する。一月頃に鹿児島沖にいた鰹は、三月頃には土佐湾沖に北上し、四月には静岡県焼津港沖に達する。この辺までの鰹はまだ脂がのっていないので赤身の魚だが、相模湾沖から房総半島を通って、五・六月に銚子沖に達する頃にはちょうどよく脂がのってくる。これが、「目に青葉　山ほととぎす　初鰹」と詠われた旬の鰹である。その後鰹は冷たい親潮に沿って北上し、秋口には気仙沼や塩釜沖にまで達するが、この鰹は脂がのりすぎて白身になる。

日本海側には、南から北へ流れる対馬暖流があり、温暖な気候を与えて多くの海の生物を育んでいる。北からは寒流のリマン海流が流れている。世界一長い海岸線を持つ日本の季節は、これらの海流によっても巡っている。

ロ、海の牧草「いわし」

私の故郷、高知県宿毛市田ノ浦では、海中に生じる顕花植物（花を形成し、種子を生ずる植物）を一般的に〝も〟と呼んでいる。海草には、海産の緑藻、褐藻、紅藻がある。これは褐藻の〝ほんだわら〟のことで、漢字では〝馬尾藻〟とか〝神馬藻〟と書く、長さが三メートルにも達する長い藻である。葉は、平たく細長くて、先のとがった披針形で、浅い切れ込みがある。葉とは別に楕円形または倒卵形の気泡を生じるので、海面に浮く特徴がある。そのため、途中から切れたほんだわらは、海面を浮いて流れる浮き藻となる。

私は、家から二キロ程離れた田ノ浦小学校へ海岸の道を通っていた。小学校三年生になったばかりの或る日曜の朝、海岸の道を歩いていると、海藻の上で、小さな魚がはねているのが見えた。どうしたのだろうと見ていると、何ヵ所でも同じように小魚がはねて、白く光って見える。しばらく見ていると、潮は更に引いて、海藻が一層現れ、動かなくなった魚もいた。

私は、家まで走って帰り、磯用の竹籠を持ってきた。そして、小崎と呼ばれる岩場から磯に降りて、岩伝いに歩いて藻のある所へ行った。

四月下旬は、一年の内で最も潮の干満の差が激しく、大潮と呼ばれる。この時は、干満の差が二メートル以上もあり、岩場の端まで潮が引く。藻が生えているのは、岩場の端から先で、大潮の時でも潮が引かない所の、海底の個々の岩に生えている。

腰まで海水に浸かって藻の中に入った。なんと十センチ程の片口鰯（カタクチイワシ）が藻の上で動かなくなっていた。中には、まだはねているのもいる。それを片手で掴んでは竹籠に入れた。掌の中でイワシがピチピチはねる感触は、獲物を掴み取っている確かな実感があった。小さな魚だが、小学生にとっては、自分一人で掴み取る勝者のような誇りと満足感があった。持って帰って、母に、父に見せよう、兄や姉たちに自慢しよう、皆で焼いて食べよう、等と考えながら、ひとり悦に入っていた。何より漁をしているような喜びがあり、大変楽しかった。

〝イワシ（鰯）〟はマイワシ、ウルメイワシ、カタクチイワシ等があるが、カタクチイワシが一番小さくて、成魚で十三～十四センチ、最大でも十八センチ程である。しかも、日本全域で漁獲され、最も漁獲量が多い。そのため、昔から庶民の食べる魚であった。多量にとれるので煮干にして肥料にも利用されたし、田圃の肥しにもなったので、「田作り」とも呼ばれた。

イワシは、いつも大口を開けて群泳し、海水と一緒に口の中に入るプランクトンを主食とする。イワシはクジラ、サメ、カジキ、マグロ、カツオ、メジカ、サバ等、多くの魚の餌になり、数が大変多いので「海の牧草」とも言われる。弱い立場のイワシは、常に大群で泳ぎ、敵の魚に〝巨大な魚〟と思わせることによって身を守っている。

カタクチイワシの稚魚は、〝シラス〟とか〝ドロメ〟などと呼ばれ、塩茹でにして干した〝白子干し〟になる。日本で最も多いカタクチイワシは、上あごが下あごにかぶさるように片寄っているために、〝片口鰯〟と呼ばれる。イワシが多いということは、豊かな海の象徴でもある。

褐色のほんだわらの長い藻は、干潮で海面が下がったので折り重なっている。そのため、浮いた藻の上に乗ったイワシが、網にかかったような具合になって、逃げられなくなったのである。

多分、海岸近くで何か中型の魚に追われて逃げるため、海面から飛び上がったはずみに、ほんだわらの浮き上がった藻の上に乗っかってしまい、そこから抜け出すことが出来なくなったのだろう。

宿毛湾は、太平洋と瀬戸内海の境である豊後水道の太平洋側に面している。そのため、かじき、鮪、しいら、鰹、めじか（ソウダ鰹）、鰆、太刀魚、鯖や鯵等の大型から中型の魚が湾内に入ってくる。それは、餌であるイワシが多いからである。イワシ、特にカタクチイワシは春と共に、産卵のため海岸近くまでやってくるのだが、豊かな海を絵に描いたような湾である。

私たちが四月や五月頃、海岸近くの海によく見かける光景は、産卵にやってきたイワシの群が、めじかや鯖等に追われて海面に浮き上がり、二、三畳分の広さの海が、イワシで盛り上がることであった。

イワシの群が中型の魚に追われて、海面が水しぶきをあげ、イワシがぴょんぴょん跳ね上がることは、私たちが子どもの頃はごく普通の光景であった。宿毛湾はイワシが多いこともあって、それを餌とする多くの魚が群なして集まる。そのため、海岸から数百メートルも離れないところで、鰹やめじか、鯖などが釣れるので、長さ四～五メートルの小船でも漁に出ることが出来た。

ほんだわらの藻の上には、百匹以上ものイワシが乗っていた。イワシは、漁船が網でいくらでも獲るので、珍しくて価値のある魚ではないが、自分の手で掴み取ることがなんとも言えない快感で、三十分近くも藻の中にいた。

この藻の生えている下には、〝ほご〟と呼ばれるかさごがいる。五月から六月頃には、ここでよくほご釣りをする。ほごは、干潮時に岩に生えている藻をかきわけて、生えていない砂場の場所を探し、そこにかぶし餌を少し撒いておくと、周囲から多いときは五～六匹、少なくても一～二匹は集まってくる。そこに長さ二～三メートルの棹にイワシかいかの切り身をつり針に刺して入れると十五～二十センチの褐色のほごが喰いつく。いつも家族分を釣り上げるとやめて戻った。それを母親が醤油味の煮魚にしてくれた。兄弟姉妹が六人いて両親、祖父母の十人が、夕食のおかずにして食べたのが、春から初夏の楽しい思い出で、田舎に帰る度に釣りに行くが、幼い頃のようには釣れなくなった。

藻の下には、こうしたイワシ等の死骸を餌とするほごやワタリガニ・タコ・エビ等が沢山いる。藻の上の死んだイワシは、潮が満ちてくれば、下に落ちる。その自然の摂理を、私は横取りした。そんなことを考えることもなく、藻をかきわけて岩場に上がり家に戻った。そして、家族に、これ見よがしに見せて悦に入ったことをよく覚えている。

その年だったと思うが、六月下旬頃、朝急いで海岸の道を学校に向かっていると、下の海辺の方から、「クー」とか「スー」とかいう変な音がかすかに聞こえた。道端から下を見ると、なんと大きなイルカが四頭、波打ち際に横になっていた。

イルカはイカが好物だという。近くのほんだわらの藻には、イカがよく産卵する。もしかすると、イカやイワシを追っているうち、又は何かの拍子で勢い余って波打ち際に乗り上げてしまったのだろうか。イワシが藻の上に跳ね上がったことを思い出しながら眺めていたが、学校に遅れそうだったので、そのまま放置して走った。

昼過ぎに、学校から急いで戻ったが、潮が満ちてイルカはもういなかった。イルカを食べる習慣はなかったのだが、イルカたちは一体どうなったのか、しばらく気にかかっていたが、大人たちに尋ねることもなく歳月が過ぎ去った。

八、北の川に溢れる鮭

平成十七年十月初めに北海道の宗谷岬を訪ねた。

北に向かって開けている宗谷湾は、西側のノシャップ岬と東側の日本最北端である宗谷岬に抱かれている。

稚内駅と飛行場のほぼ中間地の、三角状に突き出た声問岬突端と北極点を結んだ線の西側は日本海・東側はオホーツク海である。

飛行場を通り過ぎ、オホーツク海に流れ込んでいる増幌川にかかる橋の手前で車を止め、橋から見下したが、鮭は一匹もいなかった。

「二日前に見た人がいますので、間違いなく川を上っています」

五十代のタクシー運転手で、案内人の田中さんは苦笑いをし、すまなそうに言った。

この川で生まれた鮭が、水温の低いオホーツク海で生長し、産卵のために戻って来たと言うのである。河口近辺を約一週間回遊しているうちに、海水から淡水への棲み分けの身体的変化が生じ、まず鼻の軟骨が伸び、体脂肪が徐々に落ちて人間が食べるには味が悪くなり、皮が段々硬くなるそうだ。雌の筋子は一つずつが丸く硬くなって離れやすくなり、雄の白子は柔らかく液状になるそうである。

河口には沢山の鮭が集まるので、河口から三百メートル以内と川の中では、漁業権を持っている人でも捕まえることが禁じられている。

川を溯る身体的準備のできた鮭は二〜三日で産卵地に着くそうなので、これから上流に向かえば必ず見られるとのことである。

車を飛行場の東側まで戻し、川上に向かって小道を南へ走らせた。北海道特有の酪農風景が続き、低い丘陵地帯を進む。

三キロ程走って川を横切り、五キロでも橋があったが姿を見かけない。八キロ走った橋の下にやっと鮭の姿が見え、死骸がぽつりぽつりとあった。

「もっと上流に行けば沢山います」

田中さんは素朴な笑顔で、私を励ますように言った。

十キロ程進んだ所で橋を渡って車を止め、川を見下ろすと、なんと川幅五メートル程の流れに無数の鮭が溯っていた。

私は驚きと好奇心に駆られ、急ぎ足で橋の袂から大いたどりが茂る土堤を通って川岸に下りた。水のせせらぐ川岸に立つと手で掴める近くを七〜八十センチもの大きな鮭が、次々と上流へ向かっている。

この辺はもう産卵地になっているのか、岸辺のあちこちの砂礫地に、直径二〜三十センチの窪地があり、数匹ずつが群れをなしている。時々尾ビレが水面を音高く、激しく叩く。その度に砂が散り、精子が放射されて白濁する。

すでに産卵を終えて力尽きたのか、岸辺には無数の死骸があり、腐臭が漂っている。その死肉をカラスやトビ、ウミネコが啄ばんでいる。熊や狐は生きている鮭の頭や内臓を食い、死肉は食わないそうだ。

せせらぐ浅い急流を、大きな鮭が尾ビレを激しく左右に動かし、バシャバシャと音高く水しぶきを上げ、次々に勢いよく上る。まるで川上に向かうことが使命であるかのように力強く遡る。

リズミカルな水の流れや鮭たちの壮絶な行為が織成す光景と弾き出す音は、私の思考能力を麻痺させ、目と耳だけが異常に緊張し、敏感に反応する。

あまりにも原始的な荘厳なる営みに、自然との一体感とか調和なんていうものではなく、茫然自失の無我の世界に引き込まれた。

「場所を変えましょうか」

凄まじい鮭たちの行為にしばらく見入っていた私に、田中さんが声をかけてくれた。

「上流の孵化場があった所へ行きましょう」

緊張感に押しつぶされそうになっていた私は、救われたような気持ちでその場を去った。

車は橋から少し下って、別の道を進んだ。何故なのか知る由もないが、見捨てられたような淋しい酪農地が続く。人の気配のない地帯を二〜三キロ走った右側に、〝増幌鮭孵化場〟があった。平屋の白い建物は四年前に廃棄されたので、豊かな科学的文明社会から遠く離れたような侘しさが漂っていた。

宗谷湾の鮭は、この孵化場の稚魚が生長したもので、品質はよかったが、この十数年前から、外国のチリやノルウェーの安い鮭が大量に輸入されることによる価格破壊によって、一匹が五百円以下に買い叩かれるようになった。地元では、国際的な流通経済のトリックにかかって、捕れば捕る程赤字になるので三年前から鮭漁ができなくなり、この孵化場も放置され、職漁者の生計を苦しめている。

人のいない静かな孵化工場から鮭の誘導溝に沿って、だけかんばと大いたどりの茂る林を十数メートル歩き、増幌川上流の産卵地へ出た。そこでは大きな無数の鮭が動き凄まじい光景があった。

樹々の茂る、幅二メートル程の川では、押し合い、へし合うように無数の鮭が全身の力を振り絞って動いている。そして川底の砂礫に産卵する雌や精子を放射する雄たちの胸ビレや尾ビレが、激しく水面を叩き出すいろいろな音色の大演奏会が繰り広げられていた。

小さな川に溢れるような鮭たちが、四年振りに戻った生地で、鮭漁が採算取れなくなったために人間からは見向きもされないが、巡りめく使命を果たそうと、神に抱かれて歓喜の乱舞に最後の時を過ごしている。

川面を眺めているうちに、少年時代に故郷の海岸の藻の上ではねていた片口鰯を手づかみしたことを思い出しながら、豊かな自然の有り様に身震いし、歓喜に舞う鮭を川に飛び込んで掴み捕りたい衝動に駆られた。

豊かさの象徴のような川に溢れる貴重な食料資源である鮭を、このまま放置してよいのだろうか。せめて乾燥食品か肥料にでも加工して、世のため、人のために活用すべきではないか……。

もったいない、もったいないことだ……。

生物の本能に従って役目を終えた大きな鮭たちは、やがて力尽きて次から次へとオホーツクの海へ流されて行く。その有様を眺めているうちにやりきれない気持ちがこみ上げ、目頭が熱くなった。

〝北の果て　川遡る歓喜鮭　生命の限り舞い寄りて
砂利に永遠の夢をかけ　新たな生命ここかしこ
巡りめく季節ひそやかに　海のかなたへ流れ行く〟

二、私たちにも分けて下さい

日本列島の南端は、琉球列島の南端であり、八重山諸島の南端である。八重山諸島は十二の有人島と、六つの無人島で構成されている。その中に、琉球列島では、沖縄本島に次いで二番目に大きな島、西表島がある。島の約九十パーセントが山岳地帯で、鬱蒼としたジャングルに覆われ、人の進入を拒み、さまざまな動植物を育んでいる。

西表島の西にある与那国島は、日本人が住んでいる最西端であり、南にある波照間島は、日本の最南端である。いずれの島も西表島の十分の一の広さもない小さな島で、古くから人が住み、西表島のように自然が豊かに残ってはいない。波照間島の南端、高那海岸の岸壁の上には、

「日本最南端之碑」と刻まれた石碑が建立されているそうである。西表島は、日本の最南端ではないが、南端の一つである。しかも、太古の自然が最も豊かに残った秘境で、自然の宝庫でもある。そんな思いが強く、なんとしても西表島に行ってみようと長年思い続けていた。やっと石垣島を訪ねる機会があり、知人の案内で、石垣港から早朝のフェリーに乗り、竹富島経由であったが、約四十分の早さで西表島の大原港に、平成十四年十二月一日午前九時頃着いた。

四日前東京を発つ時には、寒い北風が吹いており、一昨日の那覇市でも小雨が降り、少々肌寒かったが、今日は雲間に時々陽射しがある天候で、木綿の半そでシャツの上に肌色の薄いチョッキを羽織っているだけでよかった。まさしく亜熱帯気候の常夏である。

まず、観光バスに乗って北の由布島に向かった。両側に常緑樹の木々が生い茂る舗装された道を二十分も進むと、美原と呼ばれる集落に着いて全員下車した。両側に土産物を売る店が並ぶところを通って海岸の砂地に出た。

周囲二キロメートルの由布島まで遠浅が続き、満潮時でも水深は一メートル程しかなく、干潮時は海底の砂が干上がって難なく歩いても渡れるので、いつでも水牛車でのんびり渡ることができる。

御者兼ガイドの説明や民謡、ゆっくりとした水牛の歩み、そして、海の水も青い空も空気も、熱帯植物のヒルギと呼ばれるマングローブやヤシ類の樹々や鳥、蝶等、目にする全てが、北の北海道とは異なって南国を象徴するように思える。それらには、常夏の自然の営みの豊かさとのどかさ、穏やかさと安らぎをかもす、平和な雰囲気が満ちていた。

僅か十五分くらいの水牛車の旅は、南北に長い長い日本列島の南端にある南国の情緒と生活文化を感じさせてくれるには十分であった。

由布島は〝ゆふじま〟と読むが、海抜一〜二メートルの島全体が熱帯植物園になっており、周囲に生えているマングローブを初め、四万本のヤシ類を中心に亜熱帯性の樹木や草花に覆われ、さまざまな蝶や野鳥が見られる。私は一時間ほど歩いて回ったが、まさしく南国の楽園を思わせる島である。

由布島で昼食をした後、バスで大原港近くの仲間川に戻った。そして、午後一時半からの〝仲間川遊覧〟の往復約一時間の遊覧船に乗った。

仲間川は、標高三百七メートルの仲間山を水源とする西表島では、浦内川に次ぐ大きな川で、全長十七・五キロメートルある。河口から上流へ五キロメートル程の広範囲に、日本国内では最大規模のマングローブ林が続いている。

河口付近は川幅が広く見晴らしがよいが、やがて川幅が狭くなり、日本最大規模のマングローブ林が両側に迫って来る。マングローブ林にはいろいろな野鳥や魚介類がいる。何より、熱帯的なマングローブの中を通り抜けて進むのは、ジャングルの中を探検しているような興奮と期待感が湧いてくる。

マングローブの林の向こうの左岸の斜面には、石垣島と西表島でしか見ることのできないヤエヤマヤシの群落がある。そこには熱帯特有のヤシの木がかもす暖かさとのどかさが感じられる。

熱帯林の中の川は徐々に川幅を狭くし、五～六メートルまで狭くなったところが遊覧船の折り返し地点。ここで船を下りて、熱帯的な原生林の中を数十メートル歩くと、日本最大といわれる〝サキシマスオウノキ〟があった。

サキシマスオウノキは、奄美大島を北限とする高木で、切り立ったような巨大な根をもつ。板状の根が四メートルの高さに及ぶ、日本最大の巨木で、樹木の板根が表現するこの不思議な現象を見た者に、驚きと喜びと満足感を与えずにはおかない。

南国の島、西表島は、前人未踏のような色濃い緑の原生林に覆われ、人の力の及ばない荘厳な雰囲気をかもし出し、大自然の本物に出会う感動がある。そこには、海の幸の多い豊かな自然の恵みがあふれていた。

「バーミィートーリヨウ（私たちの分を分けてください）」

西表島の言葉であるが、海や川、山等の自然の幸を採取するにおいて、自然なる神の許しを請う古代からの習わしである。

豊かな自然と共に生きる人々にとって、古代から変わることのない、〝私たちにも分けて下さい〟という自然に対する謙虚な気持ちを持ち続けることこそ、自然の大切さを知っている生活者の心掛けであり、知恵である。このような発想も豊かな自然と共に逞しく生きてきた日本人の考え方、生き方であり、生活文化なのである。

③ 生活文化の成り立ち

イ、自然環境に適応する生活

私たち人間は、自然に順応して生きていくために、心身の鍛錬をして強健になる努力をするとともに、都合のよい環境をつくり、より良い生活をするために様々な工夫を凝らしてきた。人間は他の生命体である有機物を食べないと生きられない間接栄養体の動物である。だから、いかに食料を確保し、どう料理し、どう保存するか、また、心と身体をどのようになごまし、安全にしていられるかの方法、知恵が必要である。その伝統的な方法・知恵は、先祖代々に亘って、自然環境に順応するために培われてきた生活様式、すなわち生活文化なのである。

ここでいう生活様式としての文化は、人間の生活手段としてみずからの手で創造したものであり、生物学的に備わったものではない。

人間以外の動物は、生活手段が牙や角、爪、毛や羽等のように特殊化され、それぞれの環境下で生活できるようになっているが、人間は自分の努力、工夫によって物を作り出して生活している。そのためいかなる環境にも、いかなる環境の変化にも対処し、適応できる手段を案出する能力をもっている。生存手段としての人間的能力は、多様性という重要な特質を生み出し、環境への適応性を高め、同じことでもいくつかのやり方ができる。

例えば、食物を直接生で、又は焼いて、煮て、料理して、それを手でつかんで、はしでつまんで、フォークで刺して、木の葉か、椀か、平皿かにのせて食べる等、生存を満たす方法はいくつかある。その中から選び出して生活様式とした特定の方法が、それぞれの人間集団の持つ文化、民族文化ということになる。

人間は生存手段を人工的な文化によっているが故に、これを身につけるような状態で生まれ、生後の学習によって誰か他人から学び取られなければならないし、その期間も長く、数多くの他人を媒介として、集団的にのみ生存できる。

地球上には熱帯から寒冷地帯まであり、環境条件はいろいろあって、人類にとっては不公平である。乾燥した砂漠もあれば湿潤地帯もあるというように、自然現象は決して平等ではないが、人間は、この違った環境の中にそれぞれ適応して生きている。

例えばヒマラヤ山脈の標高五千メートルに住んでいる人がいれば、イスラエルとヨルダンの国境地帯の低地、海面下四百メートルの死海近辺に住んでいる人もいる。そして水上にも、岩山の上にも、氷上にも、洞窟や樹上に住んでいる人もいる。だからこそ様々な生活文化が生まれ、ものの考え方も違ってくるのである。

この地球上の自然環境は千差万別だが、それに応じて人間の適応の仕方が変わり、考え方が変わって文化の違いを生み出してきた。先にも述べたが、民族とは、人間の形質的特質ではなく、同類の文化を共有する人々の集団のことである。例えば、日本民族と朝鮮半島の民族とは形質的にはほぼ同じだが、生活文化が異なるのである。

日本に一番近い朝鮮半島の人々と日本人の食事作法の違いは、食器を左手に持って食べるか、膳の上において食べるかである。又日本人は日本料理の場合は右手に箸しか持たないが、朝鮮半島の人々は自分たちの料理を箸や匙（スプーン）を手にして食べる。しかも箸や匙が金属製である。

自然環境に順応して生きる知恵としての生活文化は、長年に亘って伝承され、その土地になじんだ衣食住の仕方、あり方、風習、言葉、道徳心、考え方等の生活様式であり、社会遺産としての伝統文化なのである。

自然を科学的に知ることは、学問や技術のためには大事なことであるが、自然と共に生きるためにはそれほど重要なことではない。むしろ、生活の知恵として具体的に利用する方法を心得て、自分の住んでいる日本は「自然の豊かな恵まれた国」だと思う自己認識が重要である。

ロ、水と湿気に対応する生活の知恵

生物は、寒くて乾燥している所よりも、暖かくて湿潤な所の方が棲息しやすい。だから人類も食料としての生物が多い所が生活しやすいのだが、病害虫も多いので、生命の危険が多く、蒸し暑いので不快になりがちである。とすると、涼しくて乾燥している所の方が気持ちよく生活できるのだが、乾燥や寒さで食料が乏しく、人口増加を促すことができない。比較的住みよい自然環境の日本列島は、人口密度も高く、豊かな生活文化が培われている。

日本にはきれいな川の水や湧水が豊富なので、稲や麦、黍、芋類、粟などの栽培農業が発達し、山裾や川沿いに村が多くできている。そして、水を中心とする食文化が非常に発達した。特に水を沢山必要とする棚田や水田による稲作農業が発達し、日本の食文化をより豊かにしてきた。主食の米に水をたっぷり入れて炊くご飯は、まさしく水の食文化であり、味噌汁や煮物、鍋料理、お茶や酒にも良水は欠かせないのである。それに、麺類のそばやうどん等を、多量の汁と共に音高くすすりこむ食べ方等は、水が少なくて貴重な地方や国では考えられない贅沢な食べ方である。

日本の水は軟水が多いが、硬水というのは塩基類が多く含まれている水で、飲み続けると体にあまりよくないとされている。海底が隆起したヒマラヤ山脈やヨーロッパ、アメリカ、中国大陸等石灰岩の多い大地を流れる水は硬水が多いので、欧米ではビールやワインよりも高価な

ボトルに入った軟水を買って飲むのである。

紀元前三世紀頃、中国大陸の秦の始皇帝の命を受けた修験者である徐福という道士が、数千人の仲間と共に山東省の海岸から船で東海の島・日本へ仙薬（長寿の薬）を取りに渡ったという伝説がある。その仙薬とは軟水のことであったと言われている。

雨の多い、湿潤な自然環境に適応してつくられた日本の本来の家の建築材は、木・竹・茅・土・石・紙等であり、日本中どこでも手に入れることができた。梅雨に代表されるような蒸し暑さと湿気の対応として、土壁は練り土の上にたいてい漆喰を塗ったり、板を張る。床は地面から離して高床式とし、床板の上に畳を敷き、家の中は木と紙で作られた障子や襖を多くし、壁で仕切ることは少なかった。窓は大きく、多くつくり、家の中に日差しを取り入れるように建ててあった。だから日本古来の家の中は全体的に明るく、やわらかい感じで、風通しがよく、自然を模した庭に向かって縁側があり、家の中から自然が楽しめるようにもなっていた。何より、家は南向きで日差しが入り、風通しがよく、外が見渡せるので、大自然との境界が、土や石、レンガ、コンクリート等の欧米風の家よりもはっきりしていなかった。どちらかと言えば、家の中でピクニックができるほど開放的で湿気をより早く追い出せるように工夫されていた。このような日本独特の建築文化は自然環境に適応してより安全に、安心して生活するために、何百、何千年もの長い年月をかけて考案されたものであった。

ところが、日本の木造家屋は湿気や暑さ地震には強かったが火事には弱かったので、最近は都会だけでなく田舎でも乾燥や火事に強い西洋式の建築が非常に多くなっている。欧州の大陸は、日本よりもずっと北にあって寒く、乾燥しているので、室内が乾燥しにくく、しかも暖まるように壁を厚くし、窓を小さくしている。日本の関東以西で西洋式の家を建てると、湿気が外に出難く日差しが中に入らないので、壁や家具に湿気がついたり、畳が蒸れて、カビが生えたりダニが発生したりする。すると、潤いのある肌にも悪く、筋肉痛やアレルギー性の病気になりやすいと言われている。

これまでの日本人は、山の多い複雑な大地をうまく利用し、世界有数に多い湿気や草木、そしてうまい軟水と共に、大変上手に身体をなじませてより良く暮らしてきたのだが、今では、わざわざ金と時間を使って、湿気や草木の少ない大陸の人々と同じような感覚で暮らす人が多くなっている。特に、飲料水については、商業主義の宣伝文句にのせられて、おいしい自然水のある田舎でも毎日何本ものボトルを買って飲むようになっている。しかも、そんな自然環境を無視した生活を文明化や豊かさ、発展だなどと思い、日本的な生活文化を無視する人が多くなった。そのため、物は豊かなのに心が満たされず、不平不満や不安を訴える人が増えている。

世界的には自然な飲料水は天然資源である。日本の水は良質で、たとえ東京の水道でも、直接飲むことのできる軟水で、しかも欧米とは比べ物にならない素晴らしい水であり、健康や日常生活に差し障ることは何もない。

ところが、この度の東日本大震災では、東京の各地の店から一斉に飲料水のボトルが消え、水が無いと大騒ぎになった。それどころか、東北三県の被災地でも水道施設が破壊されていたので飲料水が無い又は不足と報道された。しかし、当時近くには積雪があり、数キロも離れていない所に川の清流があったし、東京の水道施設は正常であった。

東京では水道水を飲むことを忘れ、地方では積雪や小川の天然水を利用することを忘れた人々が、ボトルに入った加工水を求めて右往左往していた。そのことをマスコミが地震や津波の災害として全世界に大きく報道したために、水の少ない乾燥がちな中国、韓国、カナダやアメリカから大量のボトルに入った加工水の援助があった。世界一良水の豊かなことで知られていたこれまでの日本では信じられない、自然環境に適応する知恵を身に付けていない日本人が、多くなったことによる珍現象である。

ハ、待ちと工夫の文化

日本人の生活文化の特徴は、季節を待つ生活の仕方やものの考え方による〝待ちと工夫〟によるものである。

大陸の乾燥地帯で、家畜と共に移動しながら生活する遊牧の民は、季節を待つのではなく、追いかける生活形態を発展させているので、日本のような、季節を待つ生活形態とはかなり異なり、積極的に行動する。

遊牧の民は、季節を追いかけ、思い通りに使用し、使い終われば次の場所を目指して移動するので、自然に対して征服欲が強く、利己的な大地の専有観念はあるが、いつまでも自分のものとする所有観念は弱い。それに比べ、定住生活民の日本人は、巡り来るものをじっと待って、感謝して取り、手にしたものを大事に長く利用できるように加工したり、保存の工夫をして、無駄のないように努力し、自然との調和を尊び、恵みの多い大地と共に生きる観念が強く、一度手にしたものの所有意識が強かった。そのため、日本人は古代から欧米人のように科学的、合理的な発想はしないが、物事の改善や工夫の才能に長けていた。

何より、日本の自然環境は、海あり、山あり、川あり、平地ありで、複雑に変化して湿気が高く、そこに棲む生き物の種類が多く、大変豊かなので、食料に恵まれる機会の多い場所に住み着き、採集の知恵や食料保存の知恵、社会生活の知恵を培い、伝承してきた。そして、人口が増加するにしたがって、川等の水を利用して植物を栽培する栽培農業を発展させてきた。特に、豊かな水を利用した稲作農業によって、集団的な定住生活文化をより一層発展・充実させた。

自然と共に生きてきた日本人は、自然をよく観察し、その現象をよく理解して応用する知恵を身につけ、集団的にしたたかに生き、待ちと工夫の文化を発展させ、和をもって尊しとする絆の強い社会生活を営んできた。そして巡りめく季節と共にやってくる命の糧を待ち望む生活態度から、自然を畏む日本独自の食料採集の知恵、加工による保存の知恵、社会生活の知恵等が培われて伝承されてきた。原日本人の生活文化を培ったそれらのあり方を簡単に紹介すると次のようになる。

a、採集の知恵

定住する人々の食料採集に必要な心掛けは、来年も、再来年も同じように採集できるように努力・工夫することと皆で分け合うことであった。そのためには、食料となる生き物を科学技術を信奉するアメリカ人的に、一網打尽に獲り尽くすことをせず、必ず一部を残して、来年への望みの綱とし、お互いに暗黙の了解事項としての掟を守ることである。自然と共に生きてきた人々は、自然を畏み、敬い、信じて、命の糧が続いてくることを願った。それが心理的に作用して、神なる畏きものに対して恵みを乞い願う、年中行事等のような具体的な祈願行事へと移行させたのである。

より多くの食料、又は大きなものを捕るためには、集団の一部、又は全員で徒党を組んで協力し合い、全員に獲物を分配するようになった。そのため、長（おさ）を中心とする年功序列型の族的社会が好まれた。そして、命の糧が続いてくることを、血族的集団社会としての氏子が、集団でなす祈願行事が祭りの始まりとなったとされている。

魚の捕り方にはいろいろあるが、川の瀬などで魚を捕るための仕掛け〝梁〟、海の海岸近くに仕掛ける定置網漁の〝大敷網〟、動物の通り道等に仕掛ける〝罠〟、山芋の蔓枯れ後に掘るために麦の種等を蒔いて置く〝目印〟等がある。

しかし、食料採集の方法はこれだけではない。例えば川魚の漁法だけでも、うなぎには、ヒゴ釣り、柴漬け、石グロ、ころばし、ハエ縄等があり、あゆには、建網（火振り漁）、投網、地曳網、友釣り（友掛け）、にごりすくい等、数え上げれば切りがないほど沢山の方法がある。日本列島にはそれだけ沢山の生き物が棲息しており、各村、各地域によっても異なる捕り方があった。だから、今でもその地域にあった採集の知恵を知ることが、自然とともに生きる最もよい方法なのである。

b、食料保存の方法

周囲を海に囲まれた日本列島の太平洋側には南からやってくる暖流の黒潮と、北からやってくる寒流の親潮が、日本海側には南からやってくる対馬海流が流れている。多くの魚は、そうした海流によって移動する。

日本の海岸は、規則正しく巡る春夏秋冬の季節によって、沢山捕れる魚がいる。とにかく、季節によって採れた食料は、すぐに食べてしまうのではなく、より長く保存することが重要である。

野山や川にも、四季によって食料となる植物や動物、昆虫等がたくさん採れるものがある。私たち日本人は食料が沢山採れる季節を〝旬〟と呼んでいる。旬とは、出盛りで一番味のよい時期のことであるが、単に収穫が多いだけではなく、社会的には安く、栄養価も高い時期を指して使われる日本独自の言葉である。四季のはっきりしない、海のない、高い山のない国々にとっては、地理的条件に恵まれている日本のような、〝旬〟を表現する言葉や食文化はない。しかし、今日では年間を通じて世界中から食糧が輸入されているし、冷凍設備が整っているので、食材から旬を感じることはあまりなくなっているが、それでもまだ巡る季節によって多少なりとも感じることがある。

とにかく、四季によって旬があり、湿気の多い、しかも比較的温度の高い日本では、待ちかねた自然の恵みである多量の収穫物をより有効に、長く保存し、生活をより楽に、豊かにする必要に迫られたので、加工に工夫をこらした保存文化が必然的に発生した。その主な方法が、古くから日本に伝承されてきた乾燥・塩漬・発酵・燻製等の伝統的な食文化であり、現代にもそのまま残っている。

◎乾燥

食料を乾燥によって保存する方法は、地球上の多くの民族が持っている共通の生活文化である。これは、有機物を直射日光や火熱によるか、日陰干しによって水分を発散させ、腐敗菌（大腸菌・乳酸菌等）の繁殖を防ぐ方法。

この乾燥の知恵は、人類が最も古くから利用していたようで、私が地球上を歩いた百四十二の国や地域のどこにでも見られたので、最も簡単な方法なのかもしれない。

日本ではどのような食材に利用されているのか調べて見ると、主なものでも次のようである。

魚や貝の乾物（干物とも書く）・するめ・昆布・わかめ・ずいき・はりはり（大根）・わらび・ぜんまい・よもぎ・せんぶり・干し芋・吊し柿等

その他の有機物一般に利用される最も古くからの保存方法だが、乾燥した大陸の諸民族のように、なんでもかんでも乾燥させたわけではない。

◎塩漬け

塩は滲透圧が非常に高いので、多くの腐敗菌やバクテリアの繁殖能力を減退させたり、死滅させる。その科学的作用を利用すると、食料の保存が可能である。しかし、発酵菌が活躍できない程強くすると、保存できても塩分が強すぎて、直接食料に応用することが困難になるので、ものによっては、腐敗菌の活動を止め、腐敗防止のための塩漬けもある。その区別は困難だが、一応、腐敗防止用と区別してみると日本では次のようになる。

単なる塩漬け

こんぶ・わかめ・にしん・さけ・いか・梅干

これらの塩漬け食材は、梅干以外は直接食べることはせず、料理する前に水で塩分を洗い流してから使用する。

腐敗防止用塩漬け

野菜の漬物・たくあん・塩辛・塩魚の乾物・みそ・しょうゆ

これらは、腐敗菌を防いで、発酵菌の活躍を促すために塩を利用した、一種の塩漬け食品であるが、発酵食品でもある。

◎発酵

湿気の多い日本は、世界に例のない程発酵食品の多い、発酵文化王国である。旬の食材を発酵させることによって保存し、しかも食品の栄養価を高めていることは、高度な知恵の必要な、日本ならではの特色である。

一般的に言われている発酵とは、酵母・細菌等の微生物が、有機化合物を分解してアルコール・有機酸・炭酸ガス等を生ずる過程のことである。狭義には、糖質が微生物によって酵素の関与なしに分解する現象を、また広義には、これと化学的に同じ反応過程である生体の代謝（解糖系など）、および微生物による物質生産を指す。

発酵作用を行なう微生物である主な発酵菌は、納豆菌（納豆）、乳酸菌（漬物・熟鮓）、酢酸菌（くさや）、酵母（味噌や醤油）、麹菌（焼酎や酒）等がある。

日本は、このような微生物を応用して、食材を保存する食文化が世界一多い国であり、日本人の食生活を大変豊かにしている。

日本は、水質のよい多量の水と、春夏秋冬によって収穫できる豊富な食材、それに収穫が一番多い旬の食材、そして、微生物の応用による発酵があり、地理的、地形的、気候的・生物的条件に最も恵まれている国の一つである。それにしても、この日本列島に住みついた先祖たちの、定住してより多くの人が貪欲に生き抜こうとした食料加工の探究心と努力心には、頭の下がる思いがする。

その発酵食品は、日本人の多くが知っていることではあるが、再確認のために少し書き留めると次のようになる。

植物の発酵食品

味噌・醤油・酒・焼酎・米酢・甘酒・漬物（野菜・大根・瓜・ごぼう）・納豆

魚介類の発酵食品

イカの塩辛・熟鮓・くさや・しょっつる（魚醤）・鰹節

高知県には鰹の〝たたき〟と呼ばれる料理がある。鰹が釣れるのは、三月頃から夏にかけての早朝。すでに日中の気温は二十度を超す日が多いので、冷蔵庫のない時代に朝釣った鰹を、新鮮な状態で夕方までもたせる料理の知恵として、鮮魚の切り身の表面にさっと火入れをして、水分を発散しておくと腐敗菌が繁殖し難くなる。そうすれば、内側の肉を新鮮なまま宴会が催される夕方まで保つことができ、刺身料理と同じような味を楽しむことができる。鰹の三枚おろしをさっと火入れして、刺身のようにして食べる鰹料理を〝たたき〟と呼んでいるのだが、名称の起こりははっきりしていない。しかし、これも、暖かくなった晩春から初夏の夜の宴会に、腐敗を防いで新鮮でおいしい鰹を食べるための保存の知恵であり、生活文化なのである。

◎燻製

燻製は、食材を煙で燻す調理。しかし、この方法は、低地で暖かい地方ではあまり行なわれないが、高地又は寒冷な地方では、日常的な保存方法である。日本では、東北・北陸地方から北海道にかけて多く利用されている。

主に、動物の肉や魚介類の保存に利用され、最も有名なのが、鮭や鱒の燻製。独特な香りと味がつくので、食材の質を高める方法でもある。

二、稲作による生活文化

人類は、古代より食べ物を採ったり、栽培したり、保存したり、料理することによって、自分たちの生活文化を培い、そして、伝える機会と場にしてきた。つまり、農業は食料を生産するだけではなく、生命あるものを育み、そして食べることによって感性を培い、しかもそれらを伝える人づくりの機会と場であった。その理念は、工業化が進んだ現代でも、多くの国、特に伝統を重んじるヨーロッパ諸国の人々にはまだ忘れられてはいない。しかし、経済的効率中心のアメリカ型の工業化を重視してきた戦後の日本は、伝統的な生活文化をないがしろにして、農業を食糧生産の手段とし、稲を米のなる草と化してきた。

日本の大地で古代から栽培されてきた作物は、稲や麦、粟、黍、豆等で、これら五穀を中心に食べられてきたが、中でも米を頂点とする文化体系が組まれていた。米は稲草の実であるが、稲のような一つの栽培植物によって、一千年以上もの長い間民族がほぼ統一されてきた民族国家は、世界広しといえど、日本以外のどこにもない。極論すれば、稲が日本人の生活文化を豊かにし、日本人たらしめてきたとも言える。そのことを具体的に説明しない限り、他国の人々に日本文化の成り立ちや、日本人と稲とのかかわり、そして、千数百年も続いている天皇制等を理解させることは至難である。

稲は多年草だが、毎年定期的に苗を植えては刈り取るので、日本人にとって最も身近にある植物である。そして、稲作農業の生産過程の種籾、代掻、苗代、早苗、田植え、青田、黄金色の稲穂、稲刈、稲掛け、脱穀、わらぐろ、切り株田等の風景や仕事からは、巡りめく季節感や年中行事、祭り等が発生し、今日もまだ続けられている。

主食である米は、炊いたり蒸して食べられるだけではなく、餅、団子、煎餅等にしても食べられたり、酒、焼酎、酢等の原料にも使われる。日本人にとって米は大変豊かな食文化を与えてくれた。それぱかりか、抽象的な精神世界にまで影響し、価値観、生活態度、思想、礼儀、行儀作法等にもかかわり、神祭りとしても貴重なものであった。そのため、米は日本人の安心感、心の保障にとっては最も大事な物の一つであった。

稲わらでは、莚、ふご、草履、わらじ、わら縄、畳、わら沓、俵、わら箒等、多くのものがつくられてきた。しかし、今日の日本では、稲の刈り取りにコンバインを使用し、稲わらが短かく切断されて使えないので、今も多くの家に使われている畳を作るには、韓国や台湾、中国等からわらを輸入しなければならなくなっている。

日本の年中行事には、季節に合った旬の植物がうまく利用されている。例えば、正月には松・竹・梅、三月三日は桃の節句、五月五日の端午の節句は菖蒲湯に入る。これから暖かくなる五月には、いろいろな病原菌が繁殖しやすくなる。そこで、菖蒲は匂いが強く、葉が刃物のように鋭いので、邪悪を切り払うものとされている。それと、匂いの強い蓬も邪気を払うとされている。七月七日の七夕は、竹笹を立て、旬の作物である胡瓜や茄子、インゲン豆等を祀る。九月九日には菊や栗を用い、十二月下旬の冬至には柚子湯に入る。柚子の香りに、災厄をはらい、新しい年を無事に迎えられるようにとの願いが込められている。これらの行事は、中国大陸や朝鮮半島その他から影響を受けたものもあるが、古くから続く、子供が健やかに育つように願う、親の願望によることでもある。

日本の生活文化は植物とは切っても切れない関係にあるので、稲の存在感が弱くなったということは、日本人の心の保障としての安心感が薄らぎ、生活文化が違ってきたということにもなる。

もし日本人が農林水産業、特に稲作が人づくりの原点であることを自己認識しなくなれば、稲作文化としての自然と共に生きる知恵やより良く生き抜くに必要な心の保障を失うことになる。

第三節　日本の稲作文化的社会

① 社会生活の知恵

イ、定住する母系的父系社会

日本は南北に長い列島国で雨が多い。厭地性の少ない稲は、その日本の自然環境によく適応し、何百年、何千年間も同じ田圃で栽培され続けてきた。そのため、人々は定住することができ、世間としての絆の強い村社会は一種の生活共同体的になっていった。しかも古代からの稲作農業の作業や食生活は、男よりも女中心に営まれていたし、家族の絆の強さは母親中心に保たれていた。

稲は奈良、平安時代から千数百年もの長い間にわたって日本人を束ね、しかも女中心の文化を育み、食生活を豊かにし続けてきた。極論すれば、稲が日本人を定住させ、日本人たらしめ、女神である天照大神を祖とする天皇制を維持、継続させてきたともいえる。その実である米は、単に主食というだけではなく、食生活や風習、価値観、礼儀作法などにも大きな影響力をもっていた。日本では米や麦、粟、黍、豆などの五穀が食べられてきたが、古くから米を頂点とする文化体系が組まれ、七世紀末に大和朝廷としての日本が建国されて以来、税としての米や貨幣米として国家に管理されてもいた。稲は単なる農作物ではなく、生きる喜びや悲しみ、恐れや希望、季節感や古里感等をも与えてくれた。そして、稲作の共通した生産労働等を通じて生活共同体としての村を維持するために価値観を共有する特質をもち、労働力を分かち合う〝結い制度〟等によって、先祖代々に知り合った絆の強い同族的な信頼社会を形成するに大きな役目を果たしてきた。

人々は集団で定住し、先祖代々協力し合って生活するので、お互いによく知りあった〝世間〟と呼ばれる信頼社会を営むようになった。そこには共通の言葉、価値観や道徳心、風習があり、暗黙の了解によって世間である社会が営まれていたので、見知らぬ外者を認め難い排他的な一面もあった。しかし、それは日本的な社会現象ではなく、地球上のどこにでもある古来変わることの無い集団の防衛手段でもある。

稲のような一つの栽培植物によって、民族がほぼ統一されてきた国は、日本以外に世界中どこにもないことであり、母親中心の母系社会的な生活文化を基礎とする作為的な父系社会を発達させ、社会の安定・継続を重視する社会生活の知恵を向上させた国も珍しい。

今から僅か半世紀前までの日本の中心的産業は、稲作農業であった。稲という植物を栽培することによって生計を立てる稲作農耕民たちは、古くから定住し、自然の時の流れに従って大地とともに生活してきた。豊かな自然とともに安定した生活を営んできた稲作農耕民は、自然発生的な母親中心的社会を形成し、発展させてきたのである。そして、今日の日本はすでに工業立国になってはいるが、日本人の心の根底には、今もまだ稲作農耕時代の生活文化が色濃く残っている。

文化的な社会を営む人類の雌である女性と、雄である男性というのは、社会的動物用語であり、少女、娘、女や少年、青年、男というのは動物的社会用語である。そして、母や父という言葉は、文化的社会用語なのだが、一般的にはあまり認識されていなかった。

しかし、こうした動物的な女と男が、文化的な母親と父親になる過程において、大きな違いがあることは古くから多くの知恵者に知られていたことである。

世の知恵者たちは、男の子に「お前は男だ。お前は強いんだ」の倫理を教え伝えることの必要性を知っていた。さもないと、男はなかなか父親になろうとしない本性があるからである。雄としてのその本性を包み隠し、よりよい社会人になってもらうために、母親が中心に行なってきた家庭教育の一部が「しつけ」になり、地域社会における祭りや年中行事、その他の儀式等を通じて父親たちが中心になって行なったのが後継者作りとしての社会人準備教育であった。そして、室町時代からの武家社会の発達とともに、社会的にも人間的にも強くしっかりした男が求められ、徐々に男を前面に押し上げる父系社会が作り上げられた。一方子供を産み育てることのできる女は、放置されても自然に母親になり、社会性を培うことができる動物的な特質をもっているので、社会的に安心、安定感があり、家庭内の切り盛りはたいてい母親であった。しかし、男は放置されると孤立したり、放浪しがちで文化的な父親にはなり難い動物的な特質を持っている。そのため、古代からの社会人準備教育、現代的には青少年教育は、雄である男の子に対して行われる傾向が強かった。

もともとは母親が行っていた家庭教育における「しつけ」という言葉は、女性たちが田圃に稲の苗を正常に植えつける「仕付」からきた言葉で、稲作文化の一つでもある日本古来の教育用語である。

このような母親中心の母系的社会の文化を礎とする、日本の定住稲作農耕民の父系社会は、生物的に強い女性と弱い男性が、安定した社会を継続させる知恵として、武力を重視する武家社会が制度化されるにつれ、家庭教育や社会教育によって、男性を肉体的にも精神的にも作為的に強くした文化的な母系的父系社会なのである。だから、男性の少年期に倫理的教育をしないで放置すれば、男が社会的に弱くなって父親にはなれず、自動的に母親中心的社会に戻る。日本のような稲作農耕民的定住社会においては、いつの時代も、母親の願いは、男の子をしっかりしつけて、社会的、人間的により強い男になって家庭生活を安定、継続させてくれることであった。

特に、十四世紀頃から始まった武家社会では、戦闘能力のある肉体的に強い男が重視されたので、作為的には男中心の父系的社会になったが、家庭を支えて絆を保っていたのは女である母親であった。

日本は、そうした父系社会が長く続いてきたが、第二次世界大戦以後は、アメリカ的な男女平等社会になり、女性の社会的立場が強くなったが、かつての母親のような人間的強さが無くなって、家庭をしっかり支える意識が弱くなり、家庭崩壊や家族の絆が希薄になる不安定な社会現象が起こるようになった。

そんなこともあって、今日のようにサラリー稼業が多くなった、転勤等によって移動する人の多い遊牧民的な工業化社会日本は、日本人としての自己認識をしようとしないで心の古里を失い、アメリカ型社会の生活文化を単純に模倣しがちな人が多くなっている。

ロ、信頼社会の成り立ち

社会とは、共通性のある個人が信頼によって、または規約の下に集い合っている状態のことであることは前にも記したが、経済学的には契約社会と身分社会に区別されている。

欧米のような不信社会でもある「契約社会」は、個人の立場で約束ごとによって成り立っている社会で、法律や契約、神、金銭などを介して維持される。経済学的には「新しい社会」ともいわれるが、どちらかといえば多民族、多文化の遊牧民的社会のことである。

日本のような単一民族的な安定した信頼社会でもある「身分社会」は、親子、地位、師弟、親分子分や年功序列等によって成り立っている社会で、道徳心や伝統、風習などによって維持されている。経済学的には「古い社会」ともいわれるが、どちらかといえば稲作農耕民的社会のことであり、日本は世界で最も発展した信頼社会であった。しかし、その日本は近代的な文明化によって、特に第二次世界大戦以後は、敗戦と言う結果的社会現象によって文化的自信を失って欧米化が進み、今ではアメリカナイズされた不信社会へと変わりつつある。

このような社会的分類は、欧米型の遊牧民的発想による経済学者の経済社会学的論理でしかなく、人類の幸福、社会の安定、継続や平和の点から論じたものではない。しかし、私がこれまでに訪れた国の多くの人々の理想とする社会は、「信頼社会」であった。

人類にとってどちらの社会がよいとはまだ断言できないが、日本国に住む日本人にとっては今もまだ信頼社会のほうが安心できるし、居心地がよいように思われる。しかし、これからの国際化が進む社会では、経済活動としてのビジネスにはグローバル化が進むので不信社会のやり方が有利なようにも思える。

稲という植物によって支えられて定住してきた日本人の生活形態の特徴を知るためには、家畜という動物によって支えられてきた牧畜民の遊牧的生活形態の特徴と比較すれば、より鮮明になりやすい。

そこで、母系的な稲作農耕民と父系的な牧畜民の生活文化の特徴を野外文化教育学的に対比すると、主な内容は次のようになる。

定住型稲作農耕民の特徴

①身分社会
②権力は大地の広さによる
③植物（稲）を栽培する
④季節に従う生活（自然順応型）
⑤定住型住居
⑥閉鎖的で交渉下手
⑦安定型社会（全体主義）
⑧保守的発想
⑨利他的志向

遊牧型牧畜民の特徴

①契約社会
②権力は人の頭数による
③動物（家畜）を放牧・管理する
④季節を追う生活（自然征服型）
⑤移動型住居
⑥開放的で交渉上手
⑦不安定型社会（個人主義）
⑧改革的発想
⑨利己的志向

⑩穀物や野菜、果物をよく食べる
⑪発酵・漬物食品が多い
⑫酒、焼酎や水をよく飲む
⑬男女の区別が強い
⑭祖霊信仰
⑮集団的墓地がある
⑯移動は歩行又は船

⑩肉や乳製品をよく食べる
⑪乾燥・燻製食品が多い
⑫発酵飲料や茶湯をよく飲む
⑬男女の区別が弱い
⑭精霊信仰
⑮集団的墓地がない
⑯移動は家畜（馬）または車

このような特徴的違いはあるが、人間社会のあり方は単純ではなくいろいろあって面白い。例えば、男女の区別が強い日本は、父系的社会で男を立てて亭主関白のようだが、実はかかあ天下の家庭が多く、男は無口で無愛想だが心から妻を信頼しているし、本当は愛しているのである。ところが、男女の区別が弱い欧米では、レディーファースト等と言って男が女を心から愛して守るかと言えば、必ずしもそうではない。どちらかと言えば男女関係が希薄で、虚飾的であり、多情でもあるので日本よりも永続的ではない。不信社会でもあるのでお互いに絶えず言葉や態度で愛を示そうとする。しかも男のほうが積極的に言葉や態度で大変形式的に表現をするので華やかだが、日本の男のような誠意は薄い。しかし、今日の日本人も欧米的になりかけている。

いずれの社会的特長も自然環境がなせる業で、長い人類史の過程の中で自然に培われたものであるが、稲作農耕民は女性中心的に、牧畜民社会は男性中心的に培われたものである。ただし、その生活文化を守り伝えたのは、母系的な農耕民社会であれ父系的な牧畜民社会であれ、子どもを産み、育てた母親である女である。とくに稲草とその実の米を中心に生活文化が培われた稲作農耕民社会では、古代においては母親中心的な信頼社会が営まれ、天照大神の女神のように思われた母親は太陽のごとき存在であった。その女である母親たちが男の子を強く育てようとしたのは、自然とともに生きる稲作農耕民としての安定した信頼社会の継続を願ったからである。もし、女である母親が、家庭や地域社会の安定、継続を強く望まなければ、風来坊的な男では日本における信頼社会は成り立たない。

② 祖霊信仰と祭り

イ、仙人と祖霊

仙人は悪いことをしない。いつも穏やかに振る舞い、物事には公平で、私たちが困るといつでも助けにきてくれる。

その容姿は、白衣を身につけて白髪で、長寿の仙薬を瓢箪に入れて杖に吊るしている。大きな山の頂上近くに住んでいるが、住居、飲食物や衣類などにはあまりこだわらず、一人で禁欲的に生活している。ときには、山里に降りて来て、ごく普通の老人の姿で、飄々と歩いている。何時間歩いても疲れず、ときには空中を飛び、ときには姿を変え、風や雲のように神出鬼没で、しかも何百年もの間生き続けている。まるで孫悟空のような神通力を持った白髪の老人が仙人なのである。

私は、そんな「仙人」を伝説や物語の中ではよく聞き知っている。しかし、もう三十年以上も稲作文化の源流を求めて東アジアの大陸中南部を何十回も訪れているが、まだ一度も会ったことも見かけたこともない。

仙人は、東シナ海に面した中国大陸東海岸の山東半島近辺に、紀元前の古くからあった「神仙思想」に基づく架空の存在ではあるが、神も仏も思想も、論理のすべてが人間の思考力や想像力によって創造されたもので、あると言えばある、ないと言えばないのである。

摩訶不思議な現象を起こす自然とともに生きる稲作農耕民にとって、神通力のある千変万化の仙人はあった方が良かったと思われる。古代からの彼らは、人生四、五十年であった時代に、六十年以上も生きた生命力のある先祖の霊を仙人とし、神として、より良い方向に稲作文化を発展・向上させてきたのである。

人が死ぬと肉体と魂に分離し、霊力の強い魂は天界に還り、住まいを深山幽谷とした。肉体は土に戻り自然となることを信じる人々にとっては、天界に浮遊する魂が形をなしたのが「仙人」なのである。しかも、その魂が私たちの要望に応じて、すなわち招魂再生によって現れる姿が仙人であったり、目には見えない祖霊であったりするのである。

人は、生まれて、病み苦しんで、悩んで、老いて一〇〇歳まで生きることを最高の喜びとしてきた。だから、一〇〇歳以上は神の世界に住む人であり、その霊魂は子孫の要望にこたえる力のある祖霊、すなわち「仙人」になれると見なしてきたのである。古代においては、まさしく、六〇年以上も生きる生命力の強い親、先祖は、天にいると信じられている神への使者として、子や孫等の子孫にとって最も頼もしい存在であったのだろう。

中国大陸で古代において創造された漢字の寿の古い形の字、「壽」の成り立ちは「生老百年」の四文字を重ねて書いたものだそうで、長寿を意味しており、一〇〇歳まで生きることが最もめでたいこととされていた。私が訪れた東アジア南部の稲作地帯には、長寿の先祖を敬う習慣が古くからあった。

次の「寿」の一字に見える『生老百年』の碑文は、中国海南島の首府、海口市の〝五公祠〟にあった、明時代の清官であり書家でもあった海瑞晩年の書。

私の祖母は、平成三（一九九一）年二月一日に一〇二歳で亡くなった。野生稲の実態調査のため中国南部の湖南省の長沙にいた時で、電報で知らせを受けたが大雪のため飛行機の便も悪く葬式に参列することはできなかったが、後日、話を聞いた父親によると、肉親は向こう鉢巻

で棺に結んだ紅白の紐を引いて墓地に向かったという。これは、私の故郷で行われた神の世界に入ると思われる人の葬送の祝い行事なのだが、四国の片田舎の農家である我が家に、今もこのような風習が残っていたことを知らなかったので大変驚かされた。

人が一〇〇歳まで生きたことは、人生という一大事業の完結を意味する。それは、子や孫、曾孫に至るまでのたくさんに生命を与え、いろいろな体験を通じて、なすことによって学んだ生活の知恵、文化を多くの人に伝えて、多大な恩恵をもたらしてきた人間の終焉と同時に、その葬式は祖霊たちのいる神の世界へ入る儀式で、悲しいことではなくめでたいことであったのである。

ロ、力ある祖霊は神となる

日本では、先祖の概念には、近い先祖、家の遠祖などが渾然と包括されているが、先祖または先祖と信じているものの霊を祭る行事を「先祖祭」と呼んでいる。また、屋敷神、同族神、部落鎮守、古墳などの祭りも先祖祭と考えられている。

最も一般的なのが、正月と盆の祖霊祭である。盆祭は、仏教行事と重なっているので理解され難いが、輪廻転生の仏教には祖霊崇拝はない。

祖霊崇拝の稲作農耕の人々は、先祖の霊が再び子孫の村々に戻って、その吉凶や幸福を見守るものと考え、それを祀る。その祖霊は一年十二か月の内の一月と七月の二回戻ってくると考えられていた。一月は正月で、七月は仏教的なお盆と重なっている。

稲作農耕民たちは、こうした祖霊をいつしか「神」と崇めるようになり、祖霊信仰という社会形態が一層組織化され、豊作祈願の「春祭り」、「夏祭り」や収穫感謝祭の「秋祭り」、そして様々な神や道具への感謝の気持ちを表現する年中行事へと発展した。

神の発生にはいろいろあるが、我々が困ったとき、人が自身を超越するもの、不可知なものの存在に気づくこと等で、神の所産とする概念は、すでに原始時代において発生している。つまり、人を取り巻く自然現象を神の所産と考えること、また、人間の共同体の始原者、主宰者または保護者であるものを神と考えることに始まる、とされている。その延長が日本民族の始祖であるとされている天照大神であり、その流れを汲むとされているのが天皇だとする考えもある。

各宗教で神は種々な形態を持つが、キリスト教、ユダヤ教、イスラム教等の一神論的神、ゾロアスター教の二神論的神、古代ギリシアや日本神道等の多神論的な神等がある。

神の定義は様々で規定するのは困難だが、本居宣長は「尋常ならずすぐれた徳のありて、畏き物」としている。自然神であれ人格神であれ、異常な力や現象の中にこそ神の存在が認められたのだろう。神という概念の適用を受ける共通性は、畏怖と畏敬と親和の感情を抱かせることである。そうした感情からすると、日本人にとっての天皇は先祖神や神にもなり得るし、心のよりどころにもなる。

これまでの日本では、もっぱら霊魂を「神」と呼びならわしてきた。そして、古代においては長寿で生命力のあった先祖の霊は、祖霊も含めての霊魂信仰の考え方では不滅の存在であり、その一部が物や人に宿っている間は、その物や人に生命があると思われた。

日本の天皇は、ごく普通の日本人にとっては先祖霊の依り代であり、仙人のような存在なのだろう。それは日本人の風習であり、生活文化ではあるが、一神教と同じような宗教観だとは言えない。

稲作農耕民たちは「人は死ねばごみ（土）になる」という唯物論的な考えではなく、神にもなり得るという唯心論的な考えを培って、絆の強い人間愛をもち、古代から六〇年以上も生きた長命の親が亡くなった後、子孫はその徳と生命力を慕い、あやかろうとした。とくに、稲を栽培する際の天災や病害虫、水不足に悩み、苦しみに耐えがたいとき、子孫たちは祖父母や親等の先祖の霊を呼び、助けを求めた。その求めに応じてくれそうな力のある祖霊は神になるのである。

科学的、技術的には世界で最も進んでいる豊かな日本で、今でも正月と盆行事は盛大に行われているのだが、日本人としての自己認識がなくなり、休暇としての形式的な娯楽行事になりかけている。

ハ、招魂再生の祭り

日本では祖霊が農耕儀礼や年中行事の折に、子孫の生活を見守るために人里を訪れるとされている。そして、その神は年神、水神、山の神、田の神、家の神というような、多くの機能神に分化独立している。また、すぐれた地位にあった人や人徳を持っていた人、あるいは逆に、恨みを持ったまま死んだものの霊を神にまつることがあり、日本の神はきわめて複雑な様相を呈している。

日本人にとっての神は、キリスト教やイスラム教、ユダヤ教等のような一神教とは違って八百万の様々な神がいるので、日本人的な宗教心はなかなかなくならない。だから一つや二つどころか十や二十の神様がなくなっても、何時、如何なる時にも心のどこかで神様が感じられるので、我々日本人は大変信心深いとも言える。しかし、このような複雑な心理は一神教の人々、特にキリスト教的文化の欧米人にはなかなか理解されない。ましてや、「お天道様が見てござる」なんて道徳的な発想は、天照大神を崇敬する日本人にしか理解できない日本的文化である。

日本古来の稲作農耕民たちは、生活のすべてである稲の栽培において起こり得る困難に対応するために、寄り集まって相談し、周知のより良い先祖の霊を神として招き、祈ることによって助けを求める方法として祖霊神・氏神を考案した。絆で結ばれた村人である氏子にとっての氏神は、生活共同体としての共通の先祖神でもある。その氏神のより代が村々にある神社なのだが、ご神体が鏡であったり、岩や石であったり、何もないこともある。だから、神道は曖昧模糊とした形のはっきりしないものなので大変に寛容である。

わが国固有の氏神信仰である神道は、天照大神への尊崇を中心とするものだが、古来の民間信仰が外来思想である儒教、仏教、道教等の影響を受けつつ成立し、理論化されたものだとされている。それからすると、地域や地区の祖霊神が氏神で、それを束ねた日本民族の祖霊神である天照大神の流れを汲むとされている天皇が、わたくしたち日本民族の氏神になるのだろう。

しかし、神道には教義がないので、確立された宗教とは言い難い。むしろ、稲作農耕民の生活の知恵・生き方の道理・風俗習慣・価値観としての生活文化だと考えたほうが良いのではないだろうか。

神道は、祖霊崇拝で招魂再生の儒教と、精霊崇拝で、符呪、祈祷などによって不老長生を求める道教の影響を受け、精霊と祖霊をともに崇拝し、自然・神・人の一体化を求めている。精霊と一体化した祖霊は、子孫が必要としないときには、森の中、山の上にいる仙人、そして天にいる神だと考えることによって、あらゆる自然現象が神の仕業となるのである。そして、神道における人・神・自然の一体感こそ稲作農耕民の人生哲学であり、生き方であったとも言える。

稲作農耕民にとって最も大事なものは種籾である。その種籾をいかなる災害からも守り、保持していなければならない役目の天皇は、農耕民にとっては親であり、先祖であり、神でもある。そうした考えが、稲作文化をなおざりにして、無機物的に工業化した今日の日本国に住む日本人の心の底にも、まだ遺伝子のごとく潜んでいる。

稲作文化を中心とする日本民族にとっての「大嘗祭」は、人間が先祖であり神でもある天皇に即位する大事な儀式であり、新しい神を迎えることができた安心感、心の保障を確認する行事でもあった。ここでの天皇は一人の人間ではなく、日本人を束ねる統治機関としての象徴的な存在であり、王冠や着る人が変わっても変わることの無い着物のようなものである。

一人の人間が天皇に即位するために欠かすことのできない儀式である「大嘗祭」に、東の悠紀田と西の主基田で栽培された稲草の実、米が必ず奉納されて神饌に供されたのは、稲作農耕民の先祖神としての新しい天皇を迎える祭礼における、氏子としての務めを象徴的に果たす儀礼であったとも言える。

これまでの自立した日本人は、誰しもが日々の暮らしを慎ましくして、より良く、より長く逞しく生き、祖霊のいる神の世界に入れるよう、お天道様の御す天に還ることを望み、願って、祭りや年中行事を通じて社会に貢献する努力をしてきた。その理念こそが、絆を重んじた生活共同体の子々孫々に至る今日まで、人を神にして天に還す、最高の人生哲学であり、自立した日本人の心の保障となる安心・安全・納得を感じさせる価値観として、遺伝子のように脈々と受け継がれてきた。

大和人　お天道様と共にあり
　初穂を捧げ　歌い踊らん

あとがき

昭和三十九（一九六四）年以来、世界一四二の国や地域を訪れ、昭和四十三（一九六八）年一月以来、社会の後継者としての青少年の育成活動を続けてきた私は、すでに老人の域に達しているが、まだまだ頑張れると意気込み、現場で若い人たちと共に活動を続けている。

これまでの長い間に地球上を歩き回りながら、いろいろな人や物、そして社会現象や自然現象に遭遇し、考えたり驚いたり、怒ったり悩んだり反省したりしながら、繰り返し繰り返して行動を起こし、ゆっくり休んでいる暇はなかったが、五人の子供を育て上げ、多くの物を創作し、博士号をも取得して、多くの著作を残すことができた充実感はある。

日本人の文化的、民族的源流を求めてのアジア諸民族踏査旅行は半世紀近くも要したが、その成果を昨年やっと「写真で見るアジアの少数民族」の表題で五冊にまとめることができた。

日本国が安定・継続することを願って続けてきた、社会の後継者である青少年の育成活動は、もう四十五年になる。国内外で多くの子供たちと多様な活動を繰り返し、様々な場所で講和や苦言を呈し、国立少年自然の家の所長や教員養成系大学で講義もしてきた。

最善の努力を払ってきた思いはあるが、まだ足りない気もして、これまでの民族踏査や青少年育成活動での体験知を交えて、これからの少年教育のあり方の一つとして、私の心身にある全てを洗いざらい披露し、活字にして残しておこうと思い立って、『逞《たくま》しい日本人の育成』の表題で一昨年の秋からまとめ始めたが、あまりにも単刀直入の思い入れに過ぎるので、書き上げた後でいろいろ迷い、何度か書き直しをして、少々間接的な表題の「逞しく生きよう」にした。出版社を決めずに書き上げたので迷ったが、これまでに二冊の著書を出版してくださっている原書房にお願いしたところ、成瀬雅人社長が快く引き受けてくださった。

書き上げてから半年以上もかかったが、やっと出版することができ、成瀬社長のご支援、ご協力と、これまでの私の活動を支えてくださった多くの方々に心から感謝すると共に、日本の多くの若者が、これからも元気に逞しく生き抜いて、日本国をしっかり支えてくれることを切に願っている。

東京都杉並区今川にて

平成二十五年八月十八日大変蒸し暑い静かな夜

追記

数時間前に二〇二〇年の東京オリンピック大会が決定した。

七年先の東京五輪を単にスポーツや観光ビジネス等の一過的祭典にするのではなく、平和で治安が良く、安全で豊かな日本の生活文化を、世界の人々に正しく知ってもらう絶好の機会と場にすることだ。

富士山は、世界的には高い山ではないが、裾野が広く雄大で、心に残る美しさは世界一であり、何より毅然として逞しい。

これからは、世界に誇れる富士山のような日本国になれるよう、我々日本人が、自己の正当な認識によって力を合わせ、最善の努力、工夫をしよう。

平成二十五年九月八日朝

【著者紹介】

森田勇造（もりた・ゆうぞう）

昭和 15 年高知県宿毛市生まれ。
昭和 39 年 3 月東京農業大学卒。
昭和 39 年以来、世界の諸民族の生活文化を踏査し続ける。同時に野外文化教育の研究と啓発、実践に努め、青少年の健全育成活動も続ける。元国立信州高遠少年自然の家所長。元国立大学法人東京学芸大学客員教授、現在、公益社団法人青少年交友協会理事長、野外文化研究所所長、野外文化教育学会顧問、博士（学術）、民族研究家、旅行作家。
〈主要著書〉
『これが世界の人間だ』（青春出版社）昭和 43 年、『未来の国オーストラリア』（講談社）昭和 45 年、『日本人の源流を求めて』（講談社）昭和 48 年、『わが友、騎馬民』（学研）昭和 53 年、『日本人の源流』（冬樹社）昭和 55 年、『シルクロードに生きる』（学研）昭和 57 年、『「倭人」の源流を求めて』（講談社）昭和 57 年、『秘境ナガ高地探検記』（東京新聞社）昭和 59 年、『チンギス・ハンの末裔たち』（講談社）昭和 61 年、『アジア大踏査行』（日本文芸社）昭和 62 年、『天葬への旅』（原書房）平成 3 年、『ユーラシア二一世紀の旅』（角川書店）平成 6 年、『野外文化教育入門』（明治図書）平成 6 年、『アジア稲作文化紀行』（雄山閣）平成 13 年、『地球を歩きながら考えた』（原書房）平成 16 年、『生きる力』（ぎょうせい）平成 16 年、『野外文化教育としての体験活動―野外文化人のすすめ―』（三和書籍）平成 22 年、『写真で見るアジアの少数民族』I～V（三和書籍）平成 24 年。

逞《たくま》しく生《い》きよう
——日本人《にほんじん》としての自己認識《じこにんしき》——
●
2013年10月10日　第1刷
著者…………森田勇造《もりたゆうぞう》
発行者…………成瀬雅人
発行所…………株式会社原書房
〒160-0022 東京都新宿区新宿 1-25-13
電話・代表 03 (3354) 0685
http://www.harashobo.co.jp
振替・00150-6-151594
印刷・製本…………株式会社明光社印刷所

ISBN 978-4-562-04955-4, Printed in Japan